Schule
Ernst des Lebens?

Helga Gürtler

Schule

Ernst des Lebens?

Otto Maier Ravensburg

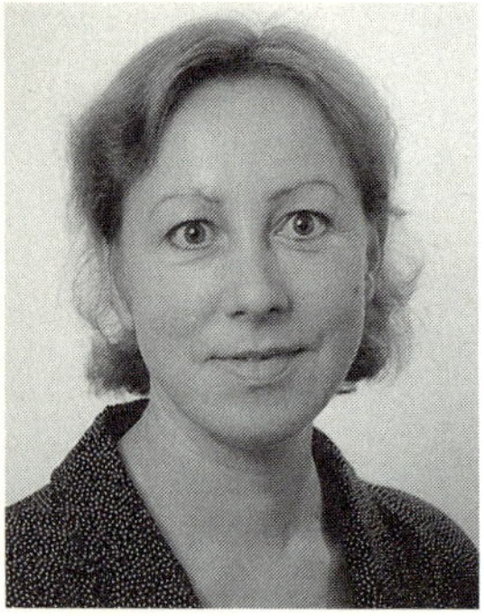

Sie haben sich dieses Buch gekauft, weil der hier behandelte Themenkreis Sie betrifft. Nach der Lektüre kennen Sie die tieferen Zusammenhänge und Beispiele zu deren Gestaltung.
Natürlich ist es unmöglich, für jede denkbare Situation ein konkretes Lösungsmodell vorzustellen. Deshalb wollen wir Sie auch nicht allein lassen, wenn bei Ihnen eine spezielle Frage zu diesem Buch offengeblieben ist.
Unsere Lektorin Diplom-Sozialpädagogin Lorelies Scheiner ist gern bereit, Ihnen mit ihren Erfahrungen weiterzuhelfen oder Ihre Frage an die Autorinnen dieses Buches weiterzuleiten.
Schreiben Sie ihr einfach.

Frau Lorelies Scheiner
Ravensburger Buchverlag – Redaktion Sachbuch
Marktstraße 22–26 – 88212 Ravensburg

Originalausgabe

Titelfoto: Christine Albert
Fotos: Christine Albert: S. 10, 18, 22, 31, 54, 61, 87, 94;
Michael Seifert: S. 34, 46, 65, 70, 78, 91, 106, 113, 118, 128, 137
Cartoons: Marie Marcks: S. 59, 67, 69, 81, 132, 139;
Hans Traxler: S. 143
Umschlaggestaltung: Ekkehard Drechsel BDG
Gesamtherstellung: Appl, Wemding
Printed in Germany

95 94 93 4 3

ISBN 3-473-42724-1

Inhalt

Für alle „schlechten“ Schülerinnen und Schüler

Einleitung

Worüber schreibt man, wenn man ein Buch über die Probleme mit sechs- bis zehnjährigen Kindern schreibt?

- Über die Schule!

Worüber reden Eltern miteinander, die Kinder in diesem Alter haben?

- Über die Schule!

Was fragt man eine Sechsjährige, mit der man ins Gespräch kommen möchte?

- Na, freust du dich schon auf die Schule?

Nach dem Kleinkind kommt das Schulkind, auch in der entwicklungspsychologischen Literatur.

Ist das nicht zu viel und zu einseitig? Darf diese Teilzeitbeschäftigung eines Kindes so sehr sein Leben in den nächsten zehn Jahren bestimmen? Ist es nicht auch noch ein Spielkind, ein Schmusekind, ein Vater- und Mutterkind, ein Freund unter Freunden, ein Entdecker, ein Stromer, ein Jäger und Sammler?

Zugegeben, die Tatsache der Einschulung beeinflußt die Familie in sehr hohem Maße.

Eltern, die bis dahin vielleicht recht „mobil" lebten, bemühen sich, seßhaft zu werden, damit das Kind nicht so oft die Schule wechseln muß.

Berufstätige Mütter kriegen Probleme – die Schule dauert anfangs nur wenige Stunden, die Zeiten wechseln womöglich täglich. Und sie haben die Aussicht vor sich, in den nächsten Jahren stillschweigend als unbezahlte Hilfslehrerinnen eingesetzt zu werden – schließlich wollen sie nicht, daß ihr Kind anderen gegenüber Nachteile hat.

Eltern sorgen sich vom ersten Schultag an um die Zensuren – denn gute Zensuren sollen später den beruflichen Erfolg sichern.

Erfolg oder Mißerfolg des Kindes in der Schule werden zu leicht zum bestimmenden Maßstab für die elterliche Wertschätzung und damit für das Selbstwertgefühl des Kindes.

Oft entzündet sich an den Zensuren der Kinder sogar ein Ehestreit. Denn Väter sind oft noch leistungsbezogener als Mütter, haben weniger Verständnis für die Lernprobleme eines Kindes.

Aber kann ein Kind nicht ein kluger Kopf, ein lieber Kerl, ein treuer Kumpel, ein selbständiger Helfer, guter Organisator, geschickter Handwerker sein, auch wenn es in der Schule miese Zensuren bekommt?

Weil aber die Schule für viele ein so beherrschendes Thema ist, will auch ich ein Buch über die Schule schreiben.

Dieses Buch ist gedacht für Eltern, deren Kinder bald in die Schule kommen – damit sie wissen, was auf sie zukommt, damit sie noch Weichen richtig stellen können, denn das ist am Anfang immer am leichtesten.

Es ist auch gedacht für die, die in den Problemen schon drinstecken – die das Buch zum Beispiel kaufen, weil sie im Inhaltsverzeichnis das Stichwort „Hausaufgaben" oder „Mütter als Hilfslehrerinnen" gesehen haben. Ich möchte sie trösten und ihnen Mut machen, sich für Veränderungen einzusetzen.

Das Buch ist auch gedacht für die, die diese Jahre mit den eigenen Kindern schon hinter sich haben, aber das, was sie erlebt haben, ordnen und verarbeiten möchten, vielleicht auch noch nutzbar machen für andere.

Besonders ist dieses Buch aber geschrieben für die Kinder, die von besorgten Eltern in bester Absicht auf gute Leistungen getrimmt werden, die oft den Eindruck haben müssen, sie würden nur geliebt, wenn sie gute Zensuren nach Hause bringen, die viel zu lange mit Verrichtungen beschäftigt werden, die ihnen nicht bekommen.

Ich möchte dazu beitragen, daß Sie manches, was Ihnen jetzt Angst macht, nicht mehr so verbissen sehen, daß Sie auch nicht mehr alles, was in der Schule geschieht, unbesehen als richtig hinnehmen. Ich möchte Ihnen Mut machen, Ihrem eigenen Empfinden mindestens genauso zu trauen wie dem Urteil einer Lehrerin.

Es wird auch einiges Kritische über die Schule zu sagen sein. Aber es soll nicht der Eindruck entstehen, als sei alles an der Schule schlimm, alle Lehrer uneinsichtig, alle Schüler und Schülerinnen unglücklich. So ist es bestimmt nicht gemeint. Aber warum soll ich ein Buch schreiben über Kinder, die gern und unter günstigen Bedingungen zur Schule gehen, passable Noten nach Hause bringen, ihre Lehrerin lieben und die paar Hausaufgaben mit links erledigen?

Bei der Auswahl der Themen habe ich jene bevorzugt, die in erster Linie die Eltern betreffen, auf deren Gestaltung sie unmittelbar Einfluß haben – Hausaufgaben, Umgang mit Zensuren, Verhalten zu Hause . . .

Ich habe wenig geschrieben über Lehrmethoden, Lehrpläne oder Versuche, die Schule zu verändern. Das heißt allerdings nicht, daß Sie als Eltern auf diese mehr schulinternen Themen überhaupt keinen Einfluß nehmen können.

Ich habe auch wenig geschrieben über Elternrechte und die Möglichkeiten zur Mitbestimmung in der Schule, obwohl ich das für ein sehr wichtiges Thema halte. Aber die gesetzliche Fixierung dieser Rechte ist Ländersache, die Bestimmungen sind daher recht unterschiedlich. Informieren Sie sich aber über die Rechte, die Sie in Ihrem Bundesland haben, und nehmen Sie diese Rechte wahr. Stellen Sie sich als Elternvertreter zur Verfügung, mischen Sie sich ein. Dann können Sie vielleicht doch einiges bewegen. Die Schule ist eine öffentliche Einrichtung. Sie wird von Ihnen für Ihre Kinder von Ihren Steuern bezahlt. Sie sind ein Teil der Öffentlichkeit – und zwar ein besonders kompetenter. Denn Sie erleben die häuslichen Auswirkungen der Schule hautnah. Sie sind deshalb ein wichtiger Gesprächspartner für Schule und Lehrer, die auf diesem Auge oft blind sind oder wenig Möglichkeiten haben, Erfahrungen im täglichen Umgang mit manchen Problemen zu sammeln. Deshalb muß es auch Ihre Angelegenheit sein, wie es in der Schule zugeht.

Wenn Sie das Gefühl haben, auf diesem Wege nicht weiterzukommen – sehen Sie sich auch um nach Elterninitiativen, die sich für Veränderungen, gegen besondere Mißstände in Ihrer Gegend, Ihrer Schule zusammentun. Zusammen kann man eine ganze Menge mehr erreichen als allein.

Eine Bemerkung noch zum Schluß: Wo ich der Einfachheit halber von Eltern rede, meine ich selbstverständlich auch die Alleinerziehenden, die Paare ohne Trauschein, die Zweit-Mütter oder -Väter, die Groß- und Pflegeeltern – eben alle, die mit Kindern zusammenleben und sich für ihr Schicksal in der Schule engagieren.

Oft spreche ich auch nur von Müttern oder – in der Schule – von Lehrerinnen. Sie sind es nun einmal, die sich in großer Mehrzahl mit den Schulproblemen herumschlagen. Die wenigen Väter, die sich um den Schulalltag kümmern, die wenigen Grundschullehrer mögen sich bitte mit angesprochen fühlen.

Papa probiert seine
neuen Hausschuhe

Eine Schule für alle Kinder

In der Schule werden am ersten Tag oft Geschichten erzählt, damit die Kinder ihre Scheu verlieren und sich langsam an den Schulbetrieb gewöhnen können.

Auch ich möchte Ihnen zu Beginn dieses ersten Kapitels ein Märchen erzählen:

Ein Märchen

Es gab einmal eine Zeit, da hatten die Tiere eine Schule. Das Lernen bestand aus Rennen, Klettern, Fliegen und Schwimmen, und alle Tiere wurden in allen Fächern unterrichtet.

Die Ente war gut im Schwimmen; besser sogar als der Lehrer. Im Fliegen war sie durchschnittlich, aber im Rennen war sie ein besonders hoffnungsloser Fall. Da sie in diesem Fach so schlechte Noten hatte, mußte sie nachsitzen und den Schwimmunterricht ausfallen lassen, um das Rennen zu üben. Das tat sie so lange, bis sie auch im Schwimmen nur noch durchschnittlich war. Durchschnittsnoten aber waren akzeptabel, darum machte sich niemand Gedanken darum, außer der Ente.

Der Adler wurde als Problemschüler angesehen und unnachsichtig und streng gemaßregelt, da er, obwohl er in der Kletterklasse alle anderen darin schlug, als erster den Wipfel eines Baumes zu erreichen, darauf bestand, seine eigene Methode anzuwenden.

Das Kaninchen war anfänglich im Laufen an der Spitze der Klasse, aber es bekam einen Nervenzusammenbruch und mußte von der Schule abgehen wegen des vielen Nachhilfeunterrichts im Schwimmen.

Das Eichhörnchen war Klassenbester im Klettern, aber sein Fluglehrer ließ es seine Flugstunden am Boden beginnen, anstatt vom Baumwipfel herunter. Es bekam Muskelkater durch Überanstrengung bei den Startübungen und immer mehr „Dreien" im Klettern und „Fünfen" im Rennen.

Die mit Sinn fürs Praktische begabten Präriehunde gaben ihre Jungen zum Dachs in die Lehre, als die Schulbehörde es ablehnte, Buddeln in das Curriculum aufzunehmen.

Am Ende des Jahres hielt ein anormaler Aal, der gut schwimmen, etwas rennen, klettern und fliegen konnte, als Schulbester die Schlußansprache.

Jedes Kind ist etwas Besonderes

Wie alle Gleichnisse, hinkt auch dieses ein bißchen. Unsere Kinder sind nicht so unterschiedlich wie Kaninchen und Adler, und die meisten ihrer Besonderheiten sind auch nicht angeboren, sondern in Grenzen durch Lernen veränderbar. Trotzdem:

Jedes Kind ist etwas Besonderes, es hat Schwächen hier, Stärken da und seine ganz persönlichen Methoden, seine Stärken zu nutzen und seine Schwächen auszugleichen – wenn man es läßt und ihm dabei hilft. Normkinder gibt es nicht – oder ist der „anormale Aal“ Ihre Idealvorstellung vom Schulschicksal Ihres Kindes?

Aus dem im Märchen geschilderten Dilemma gibt es zwei mögliche Auswege: Entweder man richtet für jede Tiergattung eine eigene Schule ein, in der man auf ihre spezifischen Eigenheiten besonders gut eingehen kann. Oder man bemüht sich trotz gemeinsamen Unterrichts, jeden individuell, seinen besonderen Bedürfnissen entsprechend zu fördern und verzichtet darauf, alle Kinder ständig miteinander zu vergleichen und an einem Durchschnitt zu messen.

Genormte Lerngruppen

In der Pädagogik der letzten Jahrzehnte sind wir den ersten Weg gegangen, gehen ihn vielfach noch immer. Wir versuchten, möglichst gleichförmige Gruppen mit Kindern gleichen Lernstands und gleicher Bedürfnisse zu schaffen. Die Einhaltung dieser Norm wurde ständig überprüft, und Kinder, die aus der Norm herausfielen, wurden umgesetzt, oder es wurden spezielle Lerngruppen für sie geschaffen. Schon im Kindergarten kamen die Drei-, Vier- und Fünfjährigen in verschiedene, altersgleiche Gruppen. Bei der Einschulung wurden alle ausgesondert, die der Norm für das Schulkind noch nicht entsprachen. Tests und Zensuren überprüften ständig den Stand des einzelnen im Vergleich mit dem Durchschnitt. Wer davon zu sehr abwich, blieb sitzen oder kam in eine Sonderklasse, eine Sonderschule. Oder Kinder mit Besonderheiten kamen gleich in „Besondere“ Schulen – Schulen für geistig Behinderte, für Sprachbehinderte, für Sehschwache, für Gehörlose, für Lernbehinderte, für Kinder aus anderen Kulturen und mit anderen Muttersprachen.

Nach wenigen Schuljahren wurde noch einmal ausgelesen: Die Besten ins Gymnasium, die Schlechtesten in die Hauptschule. Das Ziel war jedenfalls, daß innerhalb der Lerngruppen alle Kinder zur gleichen Zeit das gleiche lernten.

Aber dieser Weg erwies sich als Irrweg. Denn erstens wird man nach noch so vielen Teilungen immer noch in jeder Gruppe viele Besonderheiten und individuelle Bedürfnisse haben, die bei dieser Gleichmacherei zu kurz kommen.

Gemischte Gruppen lernen besser

Zweitens ergeben sich viel fruchtbarere Lernsituationen, wenn sehr verschiedene Kinder mit ganz verschiedenen Lernvoraussetzungen zusammenkommen, miteinander und voneinander lernen.

So lernen in einer altersgemischten Kindergartengruppe die Kleinen von den Großen das Tischdecken, aber die Großen auch durch die Kleinen den fürsorglichen Umgang mit Schwächeren.

In gemischten Schulklassen lernen die geistig weniger Regen sicher viel von den Gewitzteren, aber auch für das Klügste gibt es keine günstigere Lernsituation, als wenn es das, was es schon einigermaßen begreift, so klar und einfach wie möglich einem anderen erklären muß.

Umgekehrt potenzieren sich bestimmte Eigenheiten, wenn man nur Kinder mit gleichen Problemen zusammen erzieht. Stellen Sie sich mal eine ganze Klasse voller überaktiver Kinder vor!

Und drittens führt dieses Sortieren von Kindern in immer mehr spezielle Gruppen und Einrichtungen dazu, daß die verschiedenen Arten von Kindern immer weniger miteinander anzufangen wissen. Da werden die Kinder verlacht, die in die „Doofenschule" gehen, ein Gesundes weiß mit einem spastisch Gelähmten nicht umzugehen, und Gymnasiasten halten sich für etwas Besseres.

Zusammengehörendes nicht trennen

Dieses Auseinandersortieren in viele spezielle Gebiete und Einrichtungen ist ja auch nicht auf die Schulen beschränkt. Viele Berufe, die ursprünglich eins waren, gliederten sich in mehrere Spezialberufe. Es gab immer mehr Fachärzte, Fachgeschäfte, Fachgebiete. Am Arbeitsplatz wurden Handlungszusammenhänge auseinandergepflückt, bis jeder, ohne den Zusammenhang noch zu erleben, nur ganz spezielle Handgriffe zu machen hatte. Wir haben immer mehr spezielle Umgebungen für Gruppen von Menschen gefunden – Spezialkrankenhäuser, spezielle Heime für Kranke, für Alte, für Kinder, für Jugendliche, für Behinderte, für Ausländer. Gegenden zum Wohnen haben wir getrennt von Gegenden zum Arbeiten; Väter, die tagelang weit weg sind, von Müttern, die mit den Kindern in unwirtlichen Trabantenstädten zurückbleiben.

Aber die Folge solcher abgrenzenden Spezialisierungen ist eben oft, daß Lebendiges und Zusammengehörendes zum Nachteil aller zu sehr auseinandergerissen wird. Im Berufsleben klagen wir über „Fachidioten", im Zusammenleben stellen wir fest, daß verschiedene Gruppen von Menschen einander fremd werden, nicht mehr miteinander umgehen können, Angst voreinander, Vorurteile gegeneinander entwickeln.

Wenn wir das ändern wollen, müssen ganz verschiedene Menschen wieder von klein auf lernen, miteinander unbefangen umzugehen und voneinander zu lernen, damit sich Ängste und Vorurteile gar nicht erst entwickeln.

Damit sind wir wieder bei der Schule. Und bei meinem Märchen. Es scheint doch besser zu sein, wenn Kaninchen und Adler, Ente und Aal in eine gemeinsame Schule gehen, wenn sie später auch zusammen leben wollen.

Wie muß denn aber ein Unterricht sein, in dem Kaninchen und Adler, Eichhörnchen und Ente gemeinsam sitzen können, ohne daß letztlich der „anormale Aal“ als Bester das Ergebnis ist?

Offener Unterricht

Stellen Sie sich vor, Sie besuchen zum ersten Mal die Schule Ihres Kindes und finden folgendes: Die Klassentür steht, ebenso wie die der Parallelklasse, weit offen. Im Flur hocken mehrere Kinder auf einem großen Bogen Packpapier und kleben und malen eifrig darauf herum. Im Klassenraum finden Sie zunächst die Lehrerin nicht. Vor der Tafel jedenfalls gibt es kein Lehrerpult. In verschiedenen Ecken des Raumes sitzen und knien Kinder um Tische – ein paar schreiben, andere hantieren mit bunten Blättern oder Kugeln, wieder andere heften etwas an eine große Stecktafel. Und alle reden gleichzeitig leise – oder auch nicht ganz so leise – miteinander. Und Ihre Tochter? Die hockt ohne Schuhe auf einer Matratze unter einem Schild „Leseecke“ und ist in ein Bilderbuch vertieft. Schließlich entdecken Sie auch die Lehrerin, als ein Junge mit „Frau Glinski, guck mal“ auf sie zuläuft.

Das soll Unterricht sein? Macht hier eigentlich jedes, was es will?

Ja und nein. Hier findet offener, binnendifferenzierender Unterricht statt.

Vielleicht fällt Ihnen auf, wie eifrig die Kinder bei der Sache sind – nicht alle bei der gleichen, aber jedes bei seiner. Und daß es zwar wuselig und nicht gerade leise zugeht, aber doch geordnet.

Es gibt ein Grundpensum an Aufgaben für den Tag oder für die Woche, das wird in einem gemeinsamen Morgenkreis besprochen. Der hat nebenbei auch noch Raum für Berichte von aufregenden Erlebnissen oder Debatten über einen Streit – über Dinge jedenfalls, die die Kinder loswerden müssen, bevor sie in Ruhe arbeiten können. Aber es bleibt den Kindern überlassen, wann sie was erledigen, wobei sie sich viel Zeit nehmen. Und wer mit dem Notwendigen fertig ist, kann sich mit Dingen beschäftigen, die ihn oder sie besonders interessieren.

Binnendifferenzierung

Die Kinder sollen sich früh daran gewöhnen, ihr Lernen selbst zu organisieren, und sie sollen im Rahmen des Unabdingbaren Raum haben für besondere Schwerpunkte und Interessen.

Die Lehrerin ist nicht mehr die, die vorn steht und die Richtung angibt. Sondern sie geht zwischen den Gruppen umher, hilft hier, rät da, besorgt Material.

Kann man Schreiben nur lernen, wenn alle gleichzeitig „Mama, wo ist Anna“ in ihr Heft schreiben? Können mehrere Kinder nicht Sätze aus großen Papp-Buchstaben auf dem Fußboden zusammenlegen? Oder sich gegenseitig Briefchen schreiben?

Kann man Lesen nicht auch auf der Matratze in einem interessanten Kinderbuch üben? Oder am Lesehaus an der Wand, in dessen Fenster lustige Geschichten geklebt wurden?

Eines lernt auf die eine Weise besser, das andere auf eine andere. So kann jedes eher seine Stärken nutzen und seine Schwächen ausgleichen. Das Kind, das im Schreiben fix ist, aber Probleme mit dem Rechnen hat, kann seine Schreibaufgaben ganz schnell erledigen und sich fürs Rechnen mehr Zeit nehmen. Die Lehrerin gibt ihm vielleicht ein paar Zusatzaufgaben, die speziell das üben, was ihm so schwerfällt. Die Freundin, die das eine so gut kann wie das andere, liest vielleicht schon in der Leseecke Geschichten, während die meisten anderen noch in den Buchstaben herumstochern. Säßen beide im üblichen, genormten Unterricht, würden sie sich beim Lesen und Schreiben langweilen, dafür käme die eine womöglich im Rechnen nicht mit.

Leistungsbeurteilung

Freilich wird es schwer sein, die Leistungen aller Kinder, die auf so verschiedenen Wegen aufs gleiche Ziel hin lernen, miteinander zu vergleichen und zensierend zu bewerten. Viel näher liegt es, für jedes Kind genau zu beschreiben, wo seine Stärken und Schwächen liegen, wie es am besten lernt, und welche Eigenheiten man beachten sollte, wenn man ihm helfen will. Gut so! Objektiv sind Schulnoten sowieso nicht, die ständige Vergleicherei führt nur zu Ungerechtigkeiten, ein beschreibender Text ist viel hilfreicher als eine Zensur. Lesen Sie Genaueres dazu bitte im Kapitel „Zensuren und Zeugnisse" nach.

Aber wahrscheinlich werden nur wenige von Ihnen auf Lehrerinnen treffen, die konsequent so unterrichten. Es erfordert viel Engagement und Einarbeitung. Die „klassische" Methode ist einfacher.

Die Guten ins Töpfchen . . .

Im differenzierenden Unterricht ist es nicht nötig, „gute" und „schlechte" Lerner voneinander zu trennen, weil genug Raum ist, auf Stärken und Schwächen einzelner einzugehen. Wir haben uns allerdings daran gewöhnt, schon nach vier Schuljahren die, die wahrscheinlich eher Handwerker werden, und die, die zu wissenschaftlichem Denken geeignet scheinen, in unterschiedlichen Bildungsgängen voneinander zu trennen. Aber erstens kann man über die Fähigkeit zu wissenschaftlichem Denken nach vier Schuljahren noch kaum etwas wissen. Zu vieles kann sich da noch ändern. Böse Zungen behaupten, gute Noten in den ersten Schuljahren sagten nichts über die Begabung der Kinder, sondern nur etwas über den Eifer der Mütter.

Wer will die Begabung der kleinen Iranerin beurteilen, der niemand hilft, weil die Mutter kein Deutsch versteht? Und wer die der Schüchternen, die so gut wie nie den Mund aufmacht? Wer kann wissen, was aus dem Spätentwickler, der mit vier erst sprechen lernte, noch werden kann?

Intelligenz allein entscheidet ohnehin nicht über den Schulerfolg. (Davon wird in einem späteren Kapitel die Rede sein.) Sehr viele andere Faktoren müssen dazukommen, damit aus einem klugen Kind auch ein guter Schüler, eine gute Schülerin werden kann. Deshalb müssen alle Kinder so lange wie möglich den günstigsten Lernanreizen ausgesetzt werden, damit viele kleine Einsteins oder Curies die Chance haben, sich zu entfalten. Deshalb ist es besser, alle Kinder sechs, acht oder zehn Jahre gemeinsam zu unterrichten. Das ist das Prinzip der Gesamtschule. Danach sind es dann vielfach andere, vor allem aber viel mehr, die höhere Abschlüsse schaffen. Und das ganz bestimmt nicht, weil die Ansprüche an diesen Schulen geringer sind, denn die Prüfungsbestimmungen für das Abitur zum Beispiel sind für alle Schulen eines Bundeslandes gleich.

Es ist auch einfach nicht wahr, daß bei uns die Klügsten ins Gymnasium kommen und die weniger Klugen in die Hauptschule. Ins Gymnasium kommen vorwiegend die, die zu Hause eine gepflegte und differenzierte Sprache gelernt haben, weil schon die Eltern eine höhere Ausbildung hatten, die den Umgang mit Büchern gewohnt sind, weil auch zu Hause viele davon herumstehen, deren Eltern die Schulbestimmungen durchschauen, gewandt und selbstbewußt mit Lehrern umgehen können. Die, die nicht am Nachmittag kleine Geschwister versorgen oder im Laden aushelfen müssen. Und die anderen?

Diejenigen, die nach vier Jahren ins Gymnasium geschickt werden, haben wiederum größere Chancen, später in leitende Positionen zu gelangen. Anleiten werden sie dann vorwiegend die, die nicht ins Gymnasium gegangen sind. Nur haben sie von denen und deren Leben dann keine Ahnung, weil sie schon von 10 Jahren an getrennt von ihnen aufgewachsen sind.

Gesamtschule

Man kann es drehen wie man will – diese frühe Auslese der zu Höherem Bestimmten ist unrationell und unpassend für einen demokratischen Staat. Deshalb stehen wir mit diesem System in Westeuropa auch ziemlich allein. In den skandinavischen Ländern, in Italien, in Frankreich und Großbritannien besuchen die meisten Kinder die gemeinsame Gesamtschule. Außerhalb Europas ist zum Beispiel in den USA, in Kanada, Australien, Japan und Israel das gesamte öffentliche Bildungswesen als Gesamtschule organisiert.

So gesehen ist es ein bedauerlicher Rückschritt, wenn viele in den neuen Bundesländern aus verständlichem Widerwillen gegen das überwundene System so schnell wie möglich das dreigliedrige Oberschulsystem wieder einführen möchten. Das Schulsystem der ehemaligen DDR hatte sicher viele Mängel – aber die gemeinsame Unterrichtung aller Kinder bis zur 10. Klasse gehörte nicht dazu. Sie wurde ja auch nicht etwa in der ehemaligen DDR erfunden. Die gemeinsame Schule für alle Kinder ist die wichtigste Forderung von Reformpädagogen der Weimarer Republik. Mit der Naziherrschaft fand diese Bewegung dann ein abruptes Ende. Leider wurden ihre Ansätze auch danach nicht ausreichend wieder aufgenommen. Nur in Berlin wurde die sechsjährige Grundschule für alle eingeführt. (Das Land Brandenburg hat sich dieser Regelung inzwischen angeschlossen.)

Sechs gemeinsame Jahre sind schon mehr als vier; nach sechs Jahren erkennt man schon etwas mehr als nach vieren, aber auch dieser Wechsel der Schulform fällt in einen ungünstigen Zeitraum, nämlich in die beginnende Pubertät, die für viele Kinder nachlassende Lernlust und absinkende Leistungen mit sich bringt. Deshalb wählen viele Eltern auch danach die Gesamtschule, in der eine Entscheidung über den Schulabschluß erst nach 10 gemeinsamen Schuljahren fällt.

Nun haben viele Eltern guter Schüler Angst, ihre Kinder würden unterfordert, würden nicht ihr Bestes erreichen, wenn sie mit vielen anderen zusammen die Schulbank drücken, die schlechtere Schüler sind als sie. Das kann natürlich passieren, wenn man von dem alten Modell ausgeht, daß alle zur gleichen Zeit das gleiche lernen. Deshalb paßt zur Gesamtschule am besten die Methode des binnendifferenzierenden Unterrichts, die ich weiter oben beschrieben habe. Sie erlaubt es, innerhalb der gleichen Lerngruppe an verschiedene Kinder verschiedene Ansprüche zu stellen.

Realität ist heute allerdings an den meisten Gesamtschulen die äußere Differenzierung, die Trennung der Kinder in bestimmten Fächern in verschiedene Leistungsstufen.

Aber wie bedeutsam dürfen die Besonderheiten, Stärken und Schwächen von Kindern denn sein, damit sie gemeinsam in einer Gruppe unterrichtet werden können? Gibt es nicht doch Grenzen? Sollte ein Kind, das nur polnisch spricht, nicht doch lieber unter Kindern lernen, die alle seine Sprache sprechen?

Kann ein Kind, das fast nichts sieht, unter Sehenden lernen? Bringt ein Überaktives nicht die ganze Klasse durcheinander? Ist ein geistig Behindertes unter Nicht-Behinderten nicht völlig überfordert?

Integration

Sie wissen sicher, daß in den letzten Jahren verstärkt versucht wird, Kinder mit und ohne Behinderungen vom Kindergarten an gemeinsam zu erziehen, und daß man damit sehr gute Erfahrungen macht. Dabei muß wohl ausdrücklich betont werden, daß es die Eltern waren, die in erster Linie diese Entwicklung vorangetrieben haben, nicht die Schulen. In den Schulen, oder vielmehr in den Schulbehörden, gibt es oft noch viele Vorbehalte, und die führen dann dazu, daß die notwendigen organisatorischen und finanziellen Voraussetzungen nicht geschaffen werden, ohne die die Integration nicht funktionieren kann.

Aber wie soll das denn gehen, wenn ein spastisch gelähmtes Kind, das die Schreibbewegungen nicht beherrschen kann, mit anderen, nicht behinderten, schreiben lernt? Na, vielleicht kann

es lernen, mit der Schreibmaschine oder mit dem Computer zu schreiben. Gerade die Computer bieten heute eine Menge Möglichkeiten, solche körperlichen Behinderungen zu reduzieren. Wenn auch das nicht geht, wird man sich speziell für dieses Kind und seine Möglichkeiten etwas anderes ausdenken müssen.

Selbstverständlich kann es nicht mit den anderen zusammen das gleiche Diktat schreiben und wie sie zensiert werden. Man wird seinen Fortschritt nur an seinen eigenen Leistungen messen können. Vor einem Monat haute es noch ständig mit dem Finger auf mehrere Tasten gleichzeitig, jetzt trifft es schon meistens genau – eine gute Leistung in so kurzer Zeit, die wichtigste Voraussetzung fürs richtige Schreibenlernen. Dieser Junge ist ein guter Schüler. Er macht gute Fortschritte. Was bringt ihm der Vergleich mit anderen, die unter anderen Voraussetzungen lernen?

Vorteile für alle

Hier zeigt sich, was die Integration behinderter Kinder auch den Nichtbehinderten bringt. Eine der ersten deutschen Schulen, die Integrationsklassen einrichtete, war die Fläming-Grundschule in Berlin-Schöneberg. Die wissenschaftliche Begleituntersuchung ergab, daß auch die nichtbehinderten Kinder in diesen Klassen besser lernten. In ihren Leistungen standen sie den Kindern aus Parallelklassen ohne Integration nicht nach. Aber sie hatten weniger Angst vor Mißerfolgen, die Schule machte ihnen mehr Spaß. Sie lernten am Beispiel ihrer behinderten Mitschüler, daß es nicht schlimm ist, wenn einer etwas Bestimmtes nicht kann, wenn er sich nur Mühe gibt, seine Schwäche zu überwinden. Sie fühlten sich weniger versucht, sich ständig miteinander zu vergleichen. Sie lernten, sich einfach über jeden Lernfortschritt eines Kindes zu freuen.

Spezielle Hilfen

Aber – so werden Sie einwenden wollen – wie soll eine Lehrerin denn das schaffen, sich für jedes behinderte Kind besondere Lernhilfen auszudenken, jedem individuelle Aufgaben zu geben, jede Leistung anders zu beurteilen? Eine Lehrerin mit 25 Kindern kann das selbstverständlich nicht. Integrationsklassen haben wesentlich weniger Schüler – je nach Anzahl und Schweregrad der Behinderungen, und es sind meistens in jeder Gruppe zwei Lehrerinnen. Spezielle Lernhilfen müssen sie sich auch nicht selbst ausdenken, dabei helfen ihnen ambulant eingesetzte Sonderschullehrer – die unterweisen zum Beispiel die betroffenen Kinder im Umgang mit besonderen Lernhilfen und beraten die Lehrerinnen. Da werden ihre Fachkenntnisse dringend gebraucht. Manchmal braucht man vielleicht auch noch besondere Helfer für Kinder, die gewindelt werden müssen oder für solche, die ohne ganz persönlichen Zuspruch mit ihren Verhaltensproblemen nicht zurechtkommen. Aber auch das läßt sich organisieren. Schrecklich umständlich, das alles? Sicher, in den Klassenzimmern und in den Köpfen der Verantwortlichen muß da einiges umorganisiert werden. So haben manche Lehrer große Hemmungen davor, zu mehreren in einer Klasse zu arbeiten. Aber diejenigen, die es erst einmal versucht haben, wollen meistens nicht mehr damit aufhören. Und immer mehr Eltern wissen die Chancen so individueller Betreuung für ihre Kinder in kleinen Klassen zu schätzen. Deshalb ist zum Beispiel in Berlin der Andrang auch nichtbehinderter Kinder zu solchen Integrationsklassen und -schulen besonders groß.

Sonderschulen

Aber sind Sonderschulen denn auf einmal nur noch schlecht? Selbstverständlich nicht. Historisch gesehen waren sie ein großer Fortschritt. Für geistig behinderte Kinder zum Beispiel, die bislang überhaupt keine Schule besuchen konnten, weil sie den genormten Anforderungen nicht gewachsen waren, ist die Einrichtung einer Sonderschule zunächst ein großer Vorteil.

Aber es erwies sich, daß der Weg eines – geistig oder körperlich – behinderten Kindes aus so einer Sondereinrichtung meistens nur ins Ghetto der nächsten Sondereinrichtung führte – aus dem Sonderkindergarten in die Sonderschule, von da in die Beschützende Werkstatt oder ins Wohnheim für Behinderte. Die Kontakte zu den Nichtbehinderten gingen verloren. Und all die Anregungen, die sich daraus hätten ergeben können, auch.

Ich will Ihnen auch nicht das Herz schwer machen, wenn Sie diese Wahlmöglichkeit nicht haben, weil sich keine Integrationsklasse für Ihr behindertes Kind finden läßt. Ich weiß, daß in vielen Sonderschulen gute und engagierte Arbeit geleistet wird. Es kann auch von Vorteil sein, wenn zum Beispiel ein Kind, das stottert und deshalb von anderen Kindern ständig verspottet wurde, zunächst einmal unter Mitbetroffenen, die nicht lachen, neues Selbstvertrauen erwerben kann. Und auch von der Seite der Sonderschulen kann einiges in Richtung auf Integration getan werden. So müssen häufiger Kinder von der Sonderschule wieder in die allgemeine Schule zurückgeschickt werden, sobald sich die Möglichkeit dazu bietet. Und es können ja auch an Sonderschulen Integrationsklassen eingerichtet werden. Es können Patenschaften, gegenseitige Besuche, gemeinsame Unterrichtseinheiten zwischen den Schulen organisiert werden, damit der Besuch einer Sonderschule nicht zur Sackgasse wird. Auf lange Sicht jedoch sollte es Sonderschulen nur noch als Ausnahmen geben. Im Regelfall sollte jedes Kind, so normal oder so besonders, wie es nun mal ist, da zur Schule gehen, wo es wohnt, wo es lebt, wo es eben hingehört.

Mädchen und Jungen

An einer Stelle der pädagogischen Landschaft wird zur Zeit eine Möglichkeit diskutiert, die der Tendenz zur gemeinsamen Erziehung anscheinend entgegenläuft. Man hört neuerdings wieder die Forderung nach zeitweise getrenntem Unterricht für Jungen und Mädchen. Ein Schritt zurück? Auch hier wurde ja zunächst entschieden, Jungen und Mädchen nach langer Trennung gemeinsam zu unterrichten, damit sie mehr voneinander, übereinander lernen, besser miteinander umgehen können. Aber die Erfahrungen haben gezeigt, daß das gemeinsame Unterrichten, das Gleichmachen der äußeren Bedingungen, nicht ausgereicht hat, um die Benachteiligung der Mädchen gegenüber den Jungen zu überwinden. Jungen können sich nach wie vor in der Schule besser durchsetzen, sie werden häufiger drangenommen, sie bestimmen mehr das Klima in der Klasse. Mädchen lernen besser in einer Atmosphäre mit wenig Konkurrenz und Aggression, aber die ist eben in gemischten Klassen recht schwer herstellbar. Und deshalb denken jetzt Lehrerinnen darüber nach, wie sie Mädchen auf bestimmten Gebieten gezielter fördern können. (Mehr darüber finden Sie auch im Kapitel „Außenseiter, Streber, Sündenböcke".)

Aber kaum jemand verlangt wohl die Wiedereinführung der reinen Mädchenschulen. Das Prinzip muß vielmehr sein, innerhalb des Rahmens gemeinsamer Erziehung spezielle Hilfen für durch besondere Umstände Benachteiligte anzubieten. Zum Beispiel getrennte Anfängerkurse in Naturwissenschaften für Mädchen, damit sich da nicht gleich die Jungen breitmachen und die Mädchen das Vorurteil übernehmen, die könnten das nun mal besser.

Lernen in der Muttersprache

Das gleiche Prinzip gilt für die Unterrichtung von Kindern mit fremden Muttersprachen. Sie sollen nicht von den Kindern getrennt lernen, unter denen sie in Zukunft leben werden. Sie lernen unsere Umgangssprache und unsere Kultur schneller kennen, wenn sie viel zusammen mit gleichaltrigen Deutschen lernen und spielen. Und auch für deutsche Kinder ist es wichtig, von klein auf viel Kontakt zu anderen Sprachen, Sitten und Umgangsformen zu haben, mit denen sie als Erwachsene noch viel mehr als heute umgehen werden. Die frühzeitige Übung darin bewahrt sie vor nationaler Engstirnigkeit und Vorurteilen.

Trotzdem brauchen ausländische Kinder auch Unterricht in ihrer Muttersprache. Denn die Sprache der Mutter, der engsten Angehörigen, ist auch die Sprache der Gefühle, der Koseworte und Wiegenlieder, die Sprache der Identität und des Selbstwertgefühls. Deshalb braucht jedes Kind auch in der Schule das Gefühl, daß seine Muttersprache für wertvoll gehalten und wichtig genommen wird. Nur auf dieser Basis kann es selbsbewußt lernen. In Schweden zum Beispiel hat deshalb jedes Kind das gesetzlich verbriefte Recht auf Unterricht in seiner Muttersprache.

In Deutschland gibt es mehrere Modelle, ausländische Kinder zugleich in der Sprache ihres Herkunftlandes und im Deutschen das Lesen und Schreiben zu lehren. Es hat sich gezeigt, daß so unterrichtete Kinder die Fortschritte, die sie in ihrer Muttersprache gemacht haben, gut auch auf die andere Sprache übertragen können, schwierige Zusammenhänge dort schneller und besser begreifen. Auch hier also das gleiche Prinzip – **die Chancen der Gemeinsamkeit nutzen, aber da, wo es nötig ist, spezielle Hilfen anbieten.**

Eins paßt zum anderen

Einen weiten Bogen haben wir da geschlagen – von der Binnendifferenzierung über die Gesamtschule, die Integration von Kindern mit Behinderungen zu Mädchen und ausländischen Kindern. Aber es lag mir daran zu zeigen, wie hier eines mit dem anderen zusammenhängt, so daß Antworten auf Einzelfragen nicht gegeben werden können, wenn man nicht ein übergreifendes Konzept im Kopf hat, bei dem jedes zum anderen paßt.

So lange sich allerdings die „Normalschule" auf Besonderheiten zu wenig einstellt, wird die eine Schule für alle Kinder für viele Zukunftsmusik bleiben, brauchen Kinder mit schwerwiegenden Besonderheiten auch besondere Schulen.

Aber muß das deshalb so sein??

Schulreif oder nicht?

Reif wofür?

Ob ein Kind schulreif ist oder nicht, kann man nicht entscheiden, wenn man nur das Kind kennt, nicht aber die Bedingungen, unter denen es zur Schule gehen soll. Denn bei der Einschulung treffen viele Faktoren aufeinander. Ob sie zueinander passen, wie sie aufeinander einwirken, sich gegenseitig stören oder fördern, entscheidet letztlich darüber, ob das Kind in der Schule Erfolg hat oder nicht.

Da ist zum ersten die Schule. Die Schule stellt bestimmte Anforderungen an die Kinder. Diese Anforderungen an Erstkläßler können zu verschiedenen Zeiten in verschiedenen Ländern, auch noch in verschiedenen Bundesländern Deutschlands, ganz unterschiedlich sein. Es kann erwartet werden, daß alle Schulneulinge vom ersten Tag an brav stillsitzen, zuhören und nachmachen. Oder die Lehrerinnen bemühen sich, von den bisherigen Erfahrungen der Kinder im Kindergarten langsam überzugehen zu den eher schulischen Formen des Lernens. Die Schule kann alle wieder aussortieren, die den strengen Anforderungen nicht gewachsen sind, oder sie kann sich auf die Voraussetzungen einstellen, die diese Kinder mitbringen, und sie langsam zu einem anderen Lernverhalten hinführen.

Je nach den Erwartungen wird auch das Alter unterschiedlich festgesetzt, in dem Kinder eingeschult werden – in England ist das mit fünf, in Deutschland mit 6, in Schweden und Rußland mit 7 Jahren.

In Deutschland werden Kinder, die trotz des erreichten Alters den Anforderungen noch nicht gewachsen scheinen, vom Schulbesuch zurückgestellt. Aber die Normen dafür, welches Kind noch als schulfähig gilt und welches nicht, sind von einem Bundesland zum anderen recht unterschiedlich.

1977 wurden zum Beispiel in Bremen 14%, im Saarland aber nur 2% der Sechsjährigen vom Schulbesuch zurückgestellt. Ein zurückgestelltes Kind aus Bremen hätte also im Saarland viel größere Chancen gehabt, als schulreif bezeichnet zu werden.

Auch zwischen anderen Ländern, Städten, Schulen sind diese Unterschiede recht groß.

Glauben Sie, daß die Kinder in verschiedenen Gegenden so unterschiedlich sind?

Dann sind da auch noch die einzelnen Schulen – das Haus, der Rektor, die Lehrerinnen (Rektorinnen und Lehrer gibt es ja in der Grundschule leider sehr wenig).

Ob Schulhäuser hell und freundlich wirken oder finster und beklemmend, hat sicher auch damit zu tun, was man von den Kindern erwartet, die in sie hineingehen. Trotzdem gibt es da auch unter gleichen Schulbestimmungen noch recht große Unterschiede. Es gibt Schulhäuser, in die man gern und freiwillig auch nachmittags noch mal geht, und es gibt Schulen, die man meidet, wo man nur kann. Das Haus und seine Gestaltung und die Menschen, die darin unterrichten, bestimmen die Atmosphäre einer Schule. Es gibt Rektoren, die kommandieren, und Rektoren, die helfen. Es gibt Lehrerinnen zum Fürchten und Lehrerinnen zum Liebhaben. In den meisten Schulen gibt es wahrscheinlich beides, ein bißchen mehr das eine oder das andere. Für den Schulerfolg eines Kindes kann das von großer Bedeutung sein.

Da sind als drittes die Kinder – Kinder aus ländlichen Gebieten oder aus der Großstadt, aus Sachsen oder Niedersachsen, Kinder mit unterschiedlichen Muttersprachen, mit großen oder kleinen Wohnungen, mit vielen oder wenigen Geschwistern, mit Kindergartenerfahrungen oder ohne. Wie es gelingt, aus allen diesen Kindern eine Klassengemeinschaft zu machen, in der jede und jeder sich wohl fühlen kann, das entscheidet mit darüber, ob jedes dieser Kinder in der Schule zurechtkommen wird oder nicht.

Jedes dieser Kinder bringt dann auch noch ganz persönliche Bedingungen für den Schulbesuch mit – es ist zart oder stämmig, spontan oder nachdenklich, selbstbewußt oder gehemmt, sprunghaft oder konzentriert.

Schulreife Kinder oder kindgerechte Schule?

Und da sind wir an der Stelle, an der für viele das Nachdenken über Schulreife erst anfängt. Schulreif oder nicht – das wird oft verkürzt auf die Frage: Ist dieses Kind mit seinen ganz persönlichen Eigenschaften der Schule, wie sie nun einmal ist, gewachsen oder nicht? Die Schule ist also das Feststehende, das Unwandelbare, die Kinder sind das, was der Schule angepaßt werden muß.

Man kann die Frage aber auch andersherum stellen: Wie muß die Schule sein, damit sie alle Kinder eines bestimmten Alters aufnehmen, jedes einzeln und persönlich so fördern kann, daß es das lernt, was es schließlich lernen soll?

Wenn bei uns ein Kind als nicht schulreif angesehen wird, begreift man das oft als einen Mangel des Kindes – das Kind hat den Anforderungen der Schule nicht genügt. Oder hat etwa die Schule den Anforderungen des Kindes nicht genügt?

Dieses Umdenken findet an unseren Schulen erst recht langsam statt. Und die Leidtragenden, wenn Kind und Schule miteinander nicht zurechtkommen, sind das Kind und seine Eltern. Deshalb ist es wohl doch noch eine Weile nötig, die Kinder herauszusuchen, die wahrscheinlich dem Unterricht, so wie er in ihrem Wohngebiet, in ihrer zuständigen Schule nun einmal ist, noch nicht gewachsen sind, und sie lieber noch für ein Jahr in den Schulkindergarten, in die Vorschule oder Vorklasse zu schicken.

Was ist Schulreife?

Aber wie stellt man das fest?

Nicht wie der Apfel am Baum

Früher hielt man Schulreife in erster Linie für ein biologisches Problem. Wie man einen Apfel am Baum lassen und warten muß, bis er reif ist, so müsse man ein Kind im Kindergarten gedeihen lassen, bis es reif sei für die Schule. Man sah enge Zusammenhänge zwischen der körperlichen Entwicklung und der psychischen. Als „Maße" galten der Übergang von der rundlichen Kleinkindform zur Schulkindform und der Zahnwechsel. Als Indiz für die erreichte Schulkindform galt das „Philippinermaß". Man forderte das Kind auf, mit der rechten Hand oben über den Kopf das linke Ohr zu greifen. Ein Kleinkind mit seinem dicken Kopf und den im Verhältnis dazu kurzen Armen kann das nicht. Ein älteres Kind kann es.

Inzwischen haben sich aber mit der im Schnitt besseren Ernährung und Gesundheitsfürsorge bei sehr vielen Kindern diese Proportionen verändert, der Zahnwechsel tritt früher ein. Außerdem ist nach wie vor nicht erwiesen, daß der Gestaltwandel, der Zahnwechsel und die psychische Entwicklung so eng zusammenhängen.

Trotzdem ist es nicht unsinnig, auch nach körperlichen Bedingungen für einen erfolgreichen Schulbesuch zu fragen. Ein zartes, schmächtiges Kind, das bei Anstrengungen leicht ermüdet, wird auch den Anstrengungen des Schulunterrichts weniger gut gewachsen sein als ein robustes, kräftiges.

Es gibt auch gewisse Hinweise darauf, daß die Entwicklung des Gehirns ihre Parallelen hat in der Entwicklung des Skeletts. Die kann man am besten erkennen durch eine Untersuchung der Handwurzelknochen – aber das ist für eine Schulreifeuntersuchung viel zu aufwendig und auch nicht so wichtig.

Halten wir also fest: Die körperliche Entwicklung eines Kindes ist zwar für die Frage der Einschulung nicht unwichtig, aber auch nicht entscheidend.

Warten genügt nicht

Vor allem aber ist es ein Trugschluß zu glauben, ein Kind, das man noch nicht für schulreif hält, müsse einfach noch warten, bis es schulreif werde.

In der Schule zurechtzukommen ist eben nicht in erster Linie eine Frage der Reife, sondern eine Frage verschiedener Fähigkeiten, die das Kind bis dahin erworben haben muß. Deshalb ist es besser, von Schulfähigkeit statt von Schulreife zu sprechen. Und Fähigkeiten, die im einen Jahr noch fehlen, erwirbt ein Kind nicht durch Warten. Dieses Kind muß in dem Jahr, für das es zurückgestellt wurde, in den Fähigkeiten, die ihm noch fehlen, gefördert werden. Deshalb ist es in vielen Bundesländern

Vorschrift, daß diese Kinder einen Schulkindergarten, eine Vorklasse, eine Vorschulgruppe besuchen.

Schulfähigkeit

Was gehört denn nun – außer den körperlichen Voraussetzungen – noch alles zur Schulfähigkeit?

Geistige Fähigkeiten

Den meisten Eltern fallen da in erster Linie die geistigen Fähigkeiten des Kindes ein – es will immer mehr wissen, es kann ein Stück weit zählen, es versucht Schrift zu entziffern, kann seinen Namen schreiben – es gehört in die Schule. Das ist sicher ein wesentlicher Bereich, aber bei weitem nicht der einzige. Die Pädagogen versuchen ihn noch genauer zu beschreiben:

Das Kind muß, was es sieht und hört, genau genug aufgliedern können – es muß zum Beispiel, wenn es schreiben lernen soll, die einzelnen Buchstaben, die sich ja so sehr oft gar nicht unterscheiden, auseinanderhalten können: Also etwa b, d, p und q. Eine Voraussetzung dazu ist, daß es rechts und links unterscheiden kann. Es muß aber auch beim Hören das b und das p, das g und das k unterscheiden, aus einem ganzen Wortgebilde die einzelnen Laute heraushören können.

Ich fürchte, Sie werden das jetzt gleich an Ihrem Kind ausprobieren. Aber bitte keine Panik, wenn dabei einiges danebengeht. Bei den meisten Schulkindern bleibt das gerade bei den Buchstaben, die ich genannt habe, noch eine ganze Weile unsicher, es gibt noch häufig Verwechslungen. Nur die Grundlagen dafür müssen bei Schulbeginn vorhanden sein, sonst verzweifelt das Kind bald vor unlösbaren Aufgaben. Andererseits sind gerade die ersten Übungen zur unterscheidenden Wahrnehmung in der Schule für die Kinder ein guter Anreiz, das, was bisher noch unsicher war, jetzt zu üben, und die Fähigkeiten wachsen dann schnell.

Ein Kind, das in der Schule mitkommen soll, muß in der Lage sein, Begriffe zu bilden und mit Hilfe dieser Begriffe zu denken – rund und eckig, dick und dünn zum Beispiel, größer und kleiner, länger und kürzer. Es sollte anfangen, Hund und Pferd als Tiere, Tisch und Stuhl als Möbel zu begreifen, also Oberbegriffe für verschiedene Dinge zu bilden. Es muß auch Zahl- und Mengenbegriffe erfassen können – wie weit es schon zählen kann, ist dabei allerdings ziemlich unwichtig.

Und es muß Dinge, die es lernt, auch behalten können – natürlich nicht immer gleich beim ersten Mal, aber vielleicht beim dritten oder vierten Mal.

Schulbereitschaft

Aber viel wichtiger ist eigentlich, daß Ihr Kind all dies wirklich möchte. Daß es Lust hat zu lernen und daß es sich das auch zutraut. Daß es sich nicht vom ersten Mißerfolg aus der Bahn werfen läßt, bei einer Sache bleiben kann, bis sie fertig ist. Bringt ein Kind diese Zuversicht und Anstrengungsbereitschaft mit, macht es nichts, wenn es vor der Schule wenig gelernt hat –

nicht zählen kann, keine Lieder auswendig weiß, noch nichts mit Buchstaben anfangen kann. Es wird das schnell nachholen, wenn es nicht entmutigt wird. Aber ein Kind, das man gegen seinen Willen mit solchen Dingen traktiert hat, das hat vielleicht schon gar keine Lust mehr zu lernen, und dem nutzt dann sein ganzes angelerntes Wissen herzlich wenig.

Soziale Fähigkeiten

Lernen in der Schule ist immer auch eine soziale Angelegenheit – zwischen Kind und Lehrerin, den Kindern untereinander, aber ohne Eltern und Geschwister. Ein schulfähiges Kind muß in der Lage sein, sich für einige Stunden von der Familie zu trennen, ohne vor Heimweh stumm zu sein, es muß lernen, die Lehrerin mit vielen – oft zu vielen – anderen Kindern zu teilen, nicht alles, was es ihr sagen möchte, gleich in die Klasse zu brüllen, viel seltener „dranzukommen", als es vielleicht möchte. Es muß auch lernen, daß eine Lehrerin leider nicht alle Kinder auf den Schoß nehmen, nicht einmal neben allen sitzen kann.

Ein schulfähiges Kind muß sich trauen, etwas laut zu sagen, wenn 25 andere zuhören, manchmal vielleicht dumme Bemerkungen machen oder gar lachen. Es darf auch auf dem Schulhof nicht das Gefühl haben, in einem Meer von Feinden zu ertrinken. Es muß sich Freunde suchen können, sich einordnen, ohne sich unterbuttern zu lassen, sich Gehör verschaffen, ohne die anderen niederzubrüllen.

Selbständigkeit

Schließlich muß es in der Lage sein, seine Schulmappe allein zu packen und auf den Rücken zu kriegen, den Anorak anzuziehen, allein aufs Klo zu gehen oder sich etwas einfallen zu lassen, wenn es morgens feststellt, daß es seine Stifte zu Hause vergessen hat.

Und es muß lernen, daß die Uhr jetzt mehr über sein Leben bestimmt als vorher – beim Aufstehen und Zubettgehen, beim Schulanfang und beim Pausenklingeln. Daß es sich auch noch mehr nach Vorgaben richten muß, die andere machen, nicht mehr sosehr seinen eigenen Launen und Wünschen folgen kann.

Welch ein Pensum! Zum Glück kommen die meisten Kinder heute aus dem Kindergarten in die Schule, wo sie viele dieser Fähigkeiten schon erworben haben. Das erleichtert den Übergang in die Schule gewaltig.

Untersuchung der Schulfähigkeit

Und wie versucht man nun festzustellen, ob ein Kind alle diese Fähigkeiten oder doch einen ausreichend großen Teil davon schon erworben hat?

Die Bestimmungen und Gepflogenheiten dazu sind von Land zu Land, von Stadt zu Stadt, oft sogar noch in einzelnen Stadtbezirken oder Schulen unterschiedlich.

Beim Schularzt

Aber meistens führt der erste Weg zum Schularzt. Dort wird das Kind gewogen, gemessen, sein allgemeiner Gesundheitszustand beurteilt. Das wichtigste ist vielleicht, daß Augen und Ohren genau überprüft werden, denn manches Schulproblem ließ sich schon auf die simple Tatsache zurückführen, daß ein Kind schlecht hören oder nicht genau sehen konnte, was an die Tafel geschrieben wurde.

Der Arzt achtet auch auf Sprachfehler oder leichte Störungen im Bewegungsablauf, auf Haltungsschäden oder Folgen falscher Ernährung. Er berät dann mit den Eltern, wie diese Schäden, wenn möglich noch vor Schulbeginn, behoben werden können. Und er versucht abzuschätzen, ob das Kind von seiner körperlichen Verfassung her dem Schulalltag gewachsen sein wird, was man vielleicht tun könnte, sie noch zu verbessern.

All das unterscheidet sich kaum von den üblichen Vorsorgeuntersuchungen. Viele Schulärzte versuchen aber auch, sich einen Eindruck von der geistig-seelischen Schulfähigkeit zu verschaffen, und einige haben da durchaus noch die alten Theorien von der körperlich bedingten Schulreife im Kopf. Oder sie wagen sich auf ein Gebiet, für das sie eigentlich nicht ausgebildet sind, und das bei oft wenigen Minuten, die ihnen für die Beurteilung des einzelnen Kindes zur Verfügung stehen.

Wenn deshalb so ein schulärztliches Urteil anders ausfällt als Sie, vielleicht auch noch die Erzieherinnen im Kindergarten es haben, dann lassen Sie sich von dem Titel des Mannes (oder der Frau) im weißen Kittel nicht zu sehr beeindrucken. Für die Beurteilung der geistig-seelischen Schulfähigkeit sind sie weniger befähigt als Erzieherin, Lehrerin oder Sie, die Eltern.

In der Schule

In den meisten Bundesländern wird diese geistig-seelische Schulfähigkeit anschließend noch in der Schule beurteilt. Mit welchen Methoden man das versucht, ist sehr unterschiedlich.

Schulreifetests

Einige schwören immer noch auf einen Schulreifetest. Und auch bei Eltern genießt diese Methode oft großes Ansehen, weil sie glauben, jemanden zu „testen“ bringe objektive, genaue Ergebnisse, man wisse dann jedenfalls genau, woran man sei. Aber dieses Vertrauen hat kaum ein Test, schon gar nicht ein Schulreifetest, verdient.

Die Konstrukteure solcher Tests können verschieden vorgehen: Entweder sie versuchen, für alle die Fähigkeiten, die ein Schulkind braucht, Testaufgaben zu finden und zu langen Testbatterien zusammenzustellen. Oder sie sind davon überzeugt, daß bestimmte Fähigkeiten so sehr kennzeichnend für die gesamte Schulfähigkeit sind, daß sie nur diese wenigen zu prüfen brauchen, um das Ganze beurteilen zu können.

Diese letzte Voraussetzung hatte einer der ersten, der „Kern'sche Grundleistungstest“. Er enthielt nur ganz wenige Aufgaben, eine davon war:

Man zeigte einem Kind die folgende geometrische Figur eine bestimmte Zeit lang, nahm sie dann fort und forderte das Kind auf, sie nachzuzeichnen.

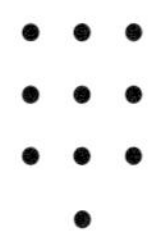

Das Kind mußte dann sowohl die äußere Form der Figur als auch die Zahl der Punkte richtig erfassen und wiedergeben können. Das verlangt eine bestimmte Fähigkeit differenzierenden Wahrnehmens. Ein Kind, das diese Fähigkeit noch nicht besitzt, erfaßt nur jeweils eines dieser Merkmale richtig und vernachlässigt dabei das andere. Es malt also

entweder 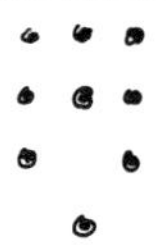 oder 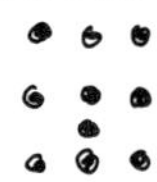 oder sogar 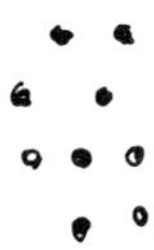

Falls Sie es unbedingt bei Ihrem Kind nachprüfen wollen: Legen Sie die Vorlage am besten neben sein Blatt und lassen Sie es nachmalen – dann wird es das schon schaffen!

Inzwischen haben sich viele Psychologen bemüht, diese Tests so zu gestalten, daß sie möglichst genaue Vorhersagen erlauben. Wie immer sie aber auch aussehen mögen – kurz oder lang, nüchtern oder kindgemäß spielerisch –, alle haben sie einen großen Nachteil: Sie urteilen nach einer einmaligen, zeitlich begrenzten Prüfung unter all den nachteiligen und unkontrollierbaren Bedingungen, die so eine Prüfung hat. Ob das Kind, das vor Angst keinen Satz herausbrachte, die Antwort nun wußte oder nicht, ob es einen großen Wortschatz hat, ob es vor allen Aufgaben so erstarrt oder in der Regel nach einer gewissen Zeit auftaut, ob es etwa mit Frauen unbefangener umgeht als mit Männern, all das werden die Prüfenden kaum beurteilen können.

Der Vorhersagewert dieser Tests ist jedenfalls nicht sehr groß. Wie viele Kinder, die auf Grund eines Tests zurückgestellt wurden, die Schule doch geschafft hätten, kann man ja meist nicht nachprüfen. Aber einige scheitern, obwohl sie den Test bestanden hatten. Und manche Kritiker behaupten, wenn man einfach alle Kinder einschulen würde, ohne sie zu testen, wären es auch nicht mehr.

Einzelgespräche
Spielstunden

In vielen Schulen ist es auch üblich, daß der Rektor, der über die Einschulung oder Zurückstellung entscheidet, mit jedem Kind und seinen Eltern ein kurzes Gespräch führt. Oder es finden für ganze Gruppen Spielstunden oder Unterrichtsspiele mit den Lehrerinnen statt, die sie später auch unterrichten sollen. Die Lehrerinnen spielen ein paar Stunden mit der Kindergruppe, eingestreut sind bestimmte Aufgaben und Beobachtungen der einzelnen. Diese Situation ist für die Kinder sicher weniger belastend, sie tauen leichter auf, geben sich eher so, wie sie auch sonst sind, und die Lehrerinnen, die ja wissen, was sie von Schulanfängern erwarten, können sich ein genaueres Bild machen.

Probeunterricht

Mancherorts ist auch noch ein mehrwöchiger Probeunterricht nach Schulbeginn üblich. Das erlaubt sicher noch bessere Voraussagen darüber, ob ein Kind in der Schule zurechtkommen wird oder nicht. Aber was tut es den Kindern an? Was bedeutet es für sie, nach einem feierlichen Anfang voller Spannung und Hoffnung dann doch in den Schulkindergarten zurückgeschickt zu werden?

Nun haben Sie ja keinen Einfluß darauf, ob dieses Verfahren an der Schule Ihres Kindes angewandt wird oder nicht. Sollte es aber so sein, müssen Sie sich besonders bemühen, ihm diese mögliche Umsetzung nicht als Degradierung erscheinen zu lassen.

Beurteilung durch die Erzieherin

Die besten Voraussagen über die Schulfähigkeit eines Kindes können aber die Erzieherinnen machen, die es ein Jahr lang oder noch länger täglich im Kindergarten beobachten konnten. Die kennen es an guten und schlechten Tagen, die wissen, welche Fortschritte es in dieser Zeit gemacht hat, unter welchen Bedingungen es zur Zeit lebt, und sie können deshalb auch abschätzen, welche weiteren Fortschritte in nächster Zeit zu erwarten sind. Das haben sie allen anderen Prüfungsversuchen, die immer nur Momentaufnahmen liefern können, voraus. Deshalb würde ich dem Urteil einer Erzieherin allemal mehr Gewicht geben als einem Test, dem Urteil eines Rektors oder Schularztes nach kurzem Gespräch. In Berlin werden nur noch die Kinder auf ihre geistig-psychische Schulfähigkeit hin untersucht, für die eine solche Beurteilung durch eine Erzieherin nicht vorliegt.

Im allgemeinen Werturteil gilt allerdings ein Test, das Urteil eines Rektors oder Arztes meist mehr. Und auch Rektoren und Lehrerinnen sind von diesem Vorurteil nicht frei. Erzieherinnen stehen leider auf der Stufenleiter gesellschaftlicher Wertschätzung relativ weit unten. Ihrer Bedeutung für die Entwicklung der Kinder und der Arbeit, die sie leisten, wird das nicht gerecht.

Schulpsychologische oder sonderpädagogische Begutachtung

Wenn zwischen den verschiedenen Fachleuten, die die Schulfähigkeit eines Kindes beurteilen sollen, und dazu gehören auch Sie, die Eltern, Meinungsverschiedenheiten bestehen, wird oft noch eine schulpsychologische Beratungsstelle eingeschaltet. Oder es findet eine sonderpädagogische Begutachtung statt,

wenn ein Kind eine Behinderung hat und beraten werden muß, in welcher Schule es am besten aufgehoben ist.

Halten wir aber fest: Die Beurteilung der Schulfähigkeit eines Kindes ist keine Aufnahmeprüfung, bei der durchfällt, wer nicht gut genug ist, kein Werturteil über Ihr Kind oder Ihre Erziehung, vor dem Sie oder das Kind Angst haben müßten. Es gibt auch keinen Grund, ein schlechtes Gewissen zu haben, wenn es wirklich zurückgestellt wird.

Kinder nicht „trimmen"

Versuchen Sie nicht, Ihr Kind für diese Untersuchung zu „trimmen" – indem Sie mit ihm zählen, Männchen oder Muster malen üben oder ihm – „Sag alles, was du weißt!", „Benimm dich anständig!", „Rede nur, wenn du gefragt wirst!" – Verhaltensregeln mitgeben. Damit machen Sie es nur unsicher.

Prüfen Sie Ihre Motive

Wenn Sie über den besten Zeitpunkt für die Einschulung anderer Meinung sind als die anderen Fachleute, prüfen Sie genau Ihre Motive und Argumente:

Ist es vielleicht persönlicher Ehrgeiz, der Sie für die frühere Einschulung einnimmt? Fühlen Sie sich gekränkt durch die Unterstellung, Sie hätten ein Kind, das irgendwelchen Anforderungen nicht genügt?

Ist es Ihre eigene Angst vor der Schule, die Sie fürchten läßt, diese Schule würde Ihr zartes Pflänzchen womöglich kaputtmachen?

Oder prüfen Sie die Situation wirklich nur aus der Perspektive des Kindes?

Haben Sie alle Aspekte bedacht, die bei der Schulfähigkeit von Bedeutung sind?

Auch Ihre Meinung gilt

Sind Sie trotzdem noch anderer Meinung? Dann sollten Sie die auch selbstbewußt vertreten – Fachleute in der Beurteilung Ihres Kindes sind Sie schließlich auch. In den meisten Fällen wird man versuchen, eine Entscheidung im Einvernehmen mit den Eltern zu treffen.

Nicht durchsetzen um jeden Preis

Versuchen Sie aber trotzdem nicht, Ihre Meinung unbedingt gegen alle anderen durchzudrücken. Prüfen Sie auch deren Argumente. Denn es geht hier nicht um die Feststellung einer objektiven Tatsache, bei der nur einer recht haben kann. Es geht, wie gesagt, auch nicht um ein Werturteil über Ihr Kind, das Sie vor falschen Unterstellungen schützen müssen. Wenn Ihre zuständige Schule und Ihr Kind schlecht zueinander passen, ist der Leidtragende schließlich nicht die Schule, sondern das Kind. Ihr Kind wird es als Mißerfolg erleben, wenn es nicht klarkommt, wenn es sich überfordert fühlt, wenn es vielleicht nach Schulanfang wieder zurückgestellt wird oder die erste Klasse wiederholen muß. Ein Jahr später als möglich in die Schule zu kommen ist selten von Schaden, höchstens vielleicht für Kinder, die sehr groß und stabil sind, immer über andere hinausragen und für „weiter" gehalten werden, als sie sind.

Um es noch einmal zu betonen: Alle Kinder mit einem solchen Aufwand auf ihre Schulfähigkeit hin zu untersuchen, ist im Grunde ein Notbehelf – weil unsere Schulen mit ihren starren Lehrplänen nicht flexibel genug sind, weil unsere Anfängerklassen noch immer zu groß sind, als daß sich die Lehrerin auf jedes mit sechs Jahren eingeschulte Kind einstellen könnte, als daß sie mit ihren Lernangeboten jedes Kind da abholen könnte, wo es eben gerade steht.

Auf dem Weg zur kindgerechten Schule

Daß es möglich ist, in dieser Weise auf die Voraussetzungen jedes Kindes einzugehen, ohne einzelne als nicht genügend auszusortieren, beweisen seit vielen Jahren die Montessori-Schulen. Unsere öffentlichen Schulen verändern sich aber nur recht langsam in diese Richtung, und das in verschiedenen Gegenden noch verschieden schnell.

Aber ich will Schulen auch nicht schlechter machen, als sie sind. Es gibt viele Bemühungen, durch Veränderungen des Anfängerunterrichts zu verhindern, daß Kinder daran scheitern, kaum daß sie recht angefangen haben.

In Berlin gibt es den recht erfolgreichen Versuch der Eingangsstufe, bei dem die Vorklasse für Fünfjährige und die erste Klasse zu einer Einheit zusammengefaßt werden. Erzieherinnen und Lehrerinnen arbeiten zusammen, die Gruppen haben nur 14 Kinder, nach der ersten Klasse werden dann zwei Gruppen zu einer zweiten Klasse zusammengelegt. Schulunterricht beginnt hier nicht plötzlich am ersten Schultag, die Betreuerinnen kennen die Kinder schon ein Jahr lang, können Schwächen ausbügeln und langsam, den Fähigkeiten jedes einzelnen entsprechend, zum schulischen Lernen übergehen.

Es gibt auch viele gute Ansätze, durch engere Zusammenarbeit von Kindergarten und Schule den Übergang für die Kinder fließender zu gestalten, die Erfahrungen der Erzieherinnen zu nutzen, um Kinder, die Schwierigkeiten haben, gezielt zu fördern.

Lehrerinnen in ersten Klassen bemühen sich, nicht zu gleicher Zeit von allen Kindern das gleiche zu verlangen und die, die es nicht bringen, eben zurückzulassen, sondern jedem die Aufgaben zu stellen, die ihm helfen, seine Stärken zu entwickeln und seine Schwächen auszugleichen. Sie nennen das differenzierenden und individualisierenden Unterricht. (Mehr darüber im Kapitel „Eine Schule für alle Kinder".)

Hilfreich ist dabei auch, daß sich der Verzicht auf Zensuren, zumindest in den ersten Klassen, immer mehr durchsetzt. (Näheres dazu finden Sie im Kapitel „Zensuren und Zeugnisse".)

Das Grundprinzip all dieser Bemühungen ist jedenfalls, **nicht länger die Kinder der Schule, sondern die Schule den Kindern anzupassen.**

Aller Anfang ist schwer

Dieses Kapitel schreibe ich speziell für Eltern, deren Kind in absehbarer Zeit in die Schule kommt oder vor kurzem in die Schule gekommen ist.

Dabei fühle ich mich in einer Zwickmühle. Auf der einen Seite möchte ich Eltern davon abhalten, schon Monate oder gar Jahre vor der Einschulung auf die Schulzeit ihres Kindes zu starren wie das Kaninchen auf die Schlange, vor lauter Vorbereitung auf die Schule oder Sorge um die Schule zu vergessen, daß noch jahrelang das Spielen die wichtigste Beschäftigung ihres Kindes sein muß.

Auf der anderen Seite sind die Erfahrungen eines Kindes in seinen ersten Schuljahren von entscheidender Wichtigkeit für seine weitere Schulzeit und auch für die Entwicklung seiner Persönlichkeit.

Auf die Schule vorbereiten

Aber dazu muß ich vielleicht als erstes erklären, daß der Zusammenhang ein anderer ist, als viele Eltern meinen.

Wichtig sind nicht etwa die Zeugnisse, die ein Kind in den ersten Jahren bekommt – die guckt später kein Mensch mehr an. Entscheidend wichtig ist, welche Einstellung es zum Lernen gewinnt. Ob es gern lernt, ob es sich Erfolg beim Lernen zutraut, ob es selbständig lernt. Sein Selbstvertrauen, sein Bild von sich selbst wird in diesen Jahren entscheidend geprägt. Ob es später neue Situationen mit Optimismus angeht oder eher ängstlich meidet, wird recht wesentlich von seinen ersten Erfahrungen in der Schule bestimmt. Ob es sich selbst etwas zutraut, hängt sehr davon ab, ob es in diesen entscheidenden Jahren erlebt, daß andere es schätzen, daß andere ihm etwas zutrauen. Ob es sich später als anerkanntes Mitglied einer Gemeinschaft fühlen kann, wird auch dadurch bestimmt, ob es in der Schule einen anerkannten Platz in der Gemeinschaft findet oder zum Außenseiter, zum Störenfried wird.

Deshalb ist es auf der einen Seite zwar richtig, daß Eltern möglichst viel dazu tun sollten, ihrem Kind einen günstigen Schulstart zu verschaffen, auf der anderen Seite besteht diese Hilfe ganz bestimmt nicht darin, daß sie frühzeitig mit ihm üben, trainieren, es mit dem ständigen Verweis auf den „Ernst des Lebens“ zu bestimmten Verhaltensweisen drängen möchten. Denn damit erreichen sie das Gegenteil dessen, was notwendig ist. Sie zerstören die Spontaneität, die Lebensfreude, die optimistische Neugier, die zu den wichtigsten Bedingungen für einen guten Start gehören.

Deshalb sollten Eltern zunächst einmal folgende Redewendungen aus ihrem Wortschatz streichen:

„Wie willst du denn in der Schule zurechtkommen, wenn du jetzt nicht . . .“

„Na warte mal, wenn du erst in die Schule kommst . . .“

„In der Schule muß du dann aber . . .“

Auf der anderen Seite ist es natürlich auch unrealistisch, einem Kind die Schule in den rosigsten Farben vorzumalen in der Hoffnung, daß so eine optimistische Voreinstellung den Erfolg erleichtert. Spaß am Lernen bekommt man nicht dadurch, daß einem immerzu erzählt wird, wieviel Spaß das Lernen machen wird. Die Ernüchterung kommt unweigerlich, wenn das Kind zum ersten Mal einen Mißerfolg hat, sich zum ersten Mal von der Lehrerin ungerecht behandelt fühlt, zum ersten Mal auf dem Schulweg verhauen wird.

Auch wenn sich für Sie und Ihr Kind mit der Einschulung einiges einschneidend ändern wird, versuchen Sie das Ereignis nicht so hochzujubeln, daß alle in den Monaten davor kaum noch an etwas anderes denken können. Der „Ernst des Lebens“ beginnt nicht mit der Einschulung. Er beginnt mit dem ersten Tag des Lebens – Schule ist zwar ein neuer Abschnitt, aber nichts grundsätzlich anderes. Je fließender Sie den Übergang von der Kleinkindzeit in die Schulzeit gestalten können, je undramatischer da eines langsam in das andere übergeht, desto besser wird Ihr Kind mit der Schule zurechtkommen. Je rechtzeitiger und unauffälliger Sie die Weichen richtig stellen, desto leichter können Sie hektische Umstellungen in den Monaten um die Einschulung herum vermeiden.

Nach dieser wichtigen Einschränkung will ich beschreiben, was Eltern tun können, um ihrem Kind einen unbeschwerten Schulanfang zu ermöglichen. Ich will aber auch beschreiben, was Kindergarten, Schule, Lehrerinnen dazu tun können, auch wenn Eltern darauf meistens keinen unmittelbaren Einfluß haben. Ich hoffe aber, Sie können mit Hilfe dieser Informationen Erzieherinnen und Lehrerinnen unterstützen, die gute Bedingungen zu schaffen versuchen, aber auch begründete Kritik anmelden, wenn das an der Schule Ihres Kindes ganz und gar nicht der Fall sein sollte. Sie können auch Diskussionen mit anderen Eltern führen, Erfahrungen austauschen, Forderungen gemeinsam vertreten und so vielleicht dafür sorgen, daß gute Beispiele Schule machen. Und besonders wenn Sie Elternvertreterin an Ihrer Schule werden sollten, können Sie dazu beitragen, den Schulneulingen späterer Jahre und ihren Eltern den Start zu erleichtern.

Kindergarten

Die Vorbereitung auf die Schule beginnt damit, daß ein Kind wenigstens ein Jahr, besser aber mehrere Jahre vor der Einschulung eine Kindertagesstätte besuchen sollte. (Das heißt allerdings umgekehrt nicht, daß der Kindergartenbesuch nur unter dem Gesichtspunkt der Vorbereitung auf die Schule wichtig ist!)

Im Kindergarten bekommt es zusätzliches Futter für seine Neugier, Anregungen für vielerlei Spiele und Fingerfertigkeiten, übt sich in Selbständigkeit, im Umgang mit Kindern und Erwachsenen außerhalb der Familie, lernt das Teilen und Sich-Verständigen und die Lösung von Konflikten. Kinder, die all dies erst in der ersten Klasse – gleichzeitig mit Lesen und Schreiben – lernen sollen, sind oft völlig überfordert und haben einen schlechten Start.

Daß wir uns da aber nicht mißverstehen: Es geht nicht darum, daß ein Kind schon ein bißchen Schule vor der Schule gehabt haben sollte, schon ein bißchen Stillsitzen üben, Buchstaben malen, die Uhr lesen oder zählen lernen müßte. Im Kindergarten sollen Kinder unbeschwert spielen, toben, experimentieren, streiten und sich wieder vertragen. Sie lernen auch dabei sehr viel – den Unterschied zwischen Spielen und Lernen gibt es für sie noch nicht. Deshalb ist es auch kein Gütezeichen, wenn in einem Kindergarten besonders viel Vorzeigbares produziert und gelernt wird. Der beste Kindergarten ist der, in dem die Kinder selbstbewußt, vorwitzig, neugierig, unruhig, ausgelassen und fröhlich sind.

Schulfähig?

Im letzten halben Kindergartenjahr werden die Erzieherinnen langsam auf die Schule hinarbeiten. Sie werden die Kinder in ihrem Verhalten genauer beobachten und sich ein Urteil darüber bilden, ob sie sie für schulfähig halten oder nicht. Sie sollten auch mit den Eltern über diese Frage ständig in Kontakt sein.

Eltern erwarten diese Einschätzung oft wie ein Werturteil – tauglich oder untauglich. Aber das ist natürlich Unsinn. Ein Sechsjähriges, das man lieber der Schule noch nicht aussetzen möchte, ist kein Deut schlechter als ein anderes, dem man die Bewältigung der Schule zutraut.

Grollen Sie deshalb nicht mit der Erzieherin, wenn sie Ihnen erklärt, sie halte Ihr Kind noch nicht für schulfähig – setzen Sie sich in Ruhe zusammen, lassen Sie sich genau erklären, aus welchen Beobachtungen sie das schließt. Und lesen Sie dazu das Kapitel „Schulreif oder nicht?“.

Leider messen nicht alle Schulen dieser Beurteilung durch die Erzieherin das nötige Gewicht bei.

Wie eine enge Zusammenarbeit zwischen Kindergarten und Schule zum Vorteil der Kinder aussehen kann, möchte ich an einem Beispiel erläutern.

Wenn in Bayern im April/Mai die Einschreibungstermine festgelegt, die Listen der schulpflichtigen Kinder aufgestellt sind, nimmt die Grundschule von Oberstdorf im Allgäu mit den Kin-

dergärten des Ortes Kontakt auf. Erzieherinnen und Lehrerinnen treffen sich und besprechen, welche der Kinder mit der Einschulung vielleicht noch Probleme haben könnten. Sind Eltern und Erzieherinnen für Zurückstellung, richtet sich die Schule danach. Sind sie unterschiedlicher Meinung, beobachten die Lehrerinnen das Kind noch einmal im Kindergarten, beraten Eltern, Erzieherinnen und Lehrerinnen gemeinsam, bevor entschieden wird.

In der nächsten Zeit hospitieren dann die Lehrerinnen, die die ersten Klassen übernehmen werden, regelmäßig im Kindergarten. Es gibt einen gemeinsamen Elternabend, auf dem die Lehrerin ihr Konzept für die erste Klasse vorstellt. Die Kinder wiederum besuchen mit ihrer Erzieherin die Schule, nehmen am Unterricht teil, lernen das Schulhaus und ihre Patenklasse kennen. Die Kinder dieser Patenklasse sollen sich nach Schulanfang der Neuen besonders annehmen.

Schulanmeldung

Viele Eltern haben den ersten Kontakt zur Schule erst bei der Schulanmeldung ihres Kindes. Die Termine dazu sind in den Bundesländern recht verschieden. Sie werden den Eltern durch Plakate, Rundfunk und Zeitungen oder auch durch persönliche Schreiben mitgeteilt.

In manchen Schulen erledigt das Einschreiben die Schulsekretärin. Mutter oder Vater erscheinen mit den geforderten Unterlagen, machen die nötigen Angaben für den Fragebogen, das Kind sitzt als wenig beachtetes Anhängsel daneben oder ist Adressat von Ermahnungen: „Sag deinen Namen", „Sprich lauter", „Nimm den Finger aus dem Mund".

Es kann aber auch anders sein: Manche Schulen schicken den Eltern den notwendigen Fragebogen nach Hause, damit sie ihn dort in Ruhe vorher ausfüllen können und der Termin in der Schule von solchen Formalien möglichst frei bleibt. Am Anmeldetag kommen Eltern und Kinder dann in eine Schule, die mit kleinen Ausstellungen, mit Spielecken freundlich für sie vorbereitet ist. Die Erstklassenlehrerinnen sind da, um beim Spielen mit ihren künftigen Schülerinnen und Schülern Kontakt aufzunehmen. Die Kinder bekommen ein kleines Heftchen mit Informationen über ihre Schule oder auch ein Bild von einem Schulmaskottchen, das dann am ersten Schultag überall angeheftet wird, um ihnen den Weg in ihren Klassenraum zu zeigen. Sie haben jedenfalls etwas in der Hand, das sie mitnehmen können, das diesen ersten freundlichen Kontakt über die Wochen warmhält, bis es endlich soweit ist.

Stellen Sie sich vor, Sie wären wieder sechs und sollten eingeschult werden – wie würden Sie gern empfangen werden? Schon mit solchen „Nebensächlichkeiten" kann eine Schule ausdrükken, daß sie jedes einzelne Kind freundlich annehmen möchte, daß sie es für wert erachtet, sich ihm zuliebe etwas Nettes einfallen zu lassen – oder eben nicht.

Vorbereitungen zu Hause

Eltern, deren Kinder noch keinen Kindergarten besucht haben, können in den Monaten vor der Einschulung noch einiges tun, um Steine aus dem Weg zu räumen.

Ist Ihr Kind daran gewöhnt, mit viel Papier, mit Stiften, Schere, Klebstoff umzugehen? Sie sollen nichts mit ihm üben. Nur das Nötige großzügig zur Verfügung stellen und über Unordnung, Farb- und Kleisterkleckse nicht meckern. Künstler darf man in diesen Dingen nicht einengen, und jedes Kind ist ein Künstler, wenn man es nur läßt!

Kann Ihr Kind sich selbständig an- und ausziehen? Sein Selbstbewußtsein in der Schule wird leiden, wenn es ohne Hilfe das offene Schuhband nicht zukriegt oder nach dem Turnen nicht in die Strumpfhosen kommt. Allerdings habe ich ja vor hastigen Erziehungsversuchen im letzten Augenblick ausdrücklich gewarnt. Hapert es irgendwo noch ernsthaft, können Sie das auch beim Bekleidungskauf berücksichtigen: Schuhe mit Klettverschlüssen, keine komplizierten Kleider, keine Fummelknöpfchen. Am besten probieren Sie beim Einkaufen gemeinsam.

Wissen Sie schon, welche Kinder aus der Nachbarschaft mit Ihrem zusammen eingeschult werden? Kennen Sie die Eltern? Kennen sich die Kinder? Finden sich vielleicht noch Gelegenheiten, sich etwas näher kennenzulernen? Könnte man bei der Anmeldung darum bitten, daß die Kinder in die gleiche Klasse kommen? Es ist doch sehr schön, in einer neuen, etwas beklemmenden Situation auf vertraute Gesichter zu stoßen – Ihr Kind in der Klasse und Sie auf dem Elternabend.

Ist Ihr Kind schon mal in „seiner“ Schule gewesen? Falls es bei der Anmeldung dazu wenig Gelegenheit gibt, gehen Sie doch ruhig noch ein paarmal vorbei. Sehen Sie sich den Schulhof an, schnuppern Sie Schulatmosphäre auf den Gängen, gukken Sie gemeinsam nach, wo die Toiletten sind. Fragen Sie im Sekretariat nach, ob es vielleicht einen „Tag der offenen Schultür“ gibt. Manchmal organisieren das auch die Elternvertreter.

Möchten Sie schon einen Schreibtisch, eine Schulmappe, eine Schultüte kaufen?

Schreibtisch

Es gibt viele schöne Schreibtische für Schulkinder – höhenverstellbar, mit im richtigen Winkel geneigter und blendfrei lackierter Platte – und sündhaft teuer! Manchmal sind ja Großeltern wild entschlossen, so ein Schmuckstück zu kaufen. Aber werden sie nicht gekränkt sein, wenn die Platte die ersten Filzstift- und Kleisterspuren bekommen hat?

Das Kind braucht einen Arbeitsplatz. Auch Malen, Kleben, Handwerken ist Arbeit, und bei der kann man sich nicht immer vorsehen. Dann lieber einen alten Tisch in richtiger Höhe, der nichts übelnimmt. Und der Gefahr eines krummen Rückens beugt man besser vor, wenn man dafür sorgt, daß das Kind nicht zu lange still am Tisch über seinen Schularbeiten brütet.

Schulmappe

Eine Schulmappe muß vor allem auf dem Rücken zu tragen, leicht, stabil und wenig schmutzempfindlich sein. Sie sollte „Katzenaugen“ haben, die das Licht reflektieren, damit Ihr Kind auch im Dunkeln gesehen wird. Auch die Mappe wird in den nächsten Jahren einiges auszuhalten haben – sie wird als Sitzbank und als Wurfgeschoß herhalten müssen und gelegentlich in einer Pfütze landen. Denken Sie daran beim Einkaufen. Aber lassen Sie Ihr Kind mit entscheiden – es soll die Mappe schließlich täglich tragen.

Schultüte

Die Schultüte ist leider in den letzten Jahrzehnten zur puren Angeberei verkommen – immer noch größer, noch bunter und edler, und auf keinen Fall kleiner als die der Nachbarn. Dabei hat man dann große Mühe, das Riesending vollzukriegen, ohne daß das Kind sich einen Bruch hebt oder sich den Magen völlig verdirbt. Kann man nicht auch anderes hineintun, als ausgerechnet Süßigkeiten?

Könnten sich nicht wenigstens die Kinder aus dem Kindergarten gemeinsam ihre Tüten in gleicher, vernünftiger Größe selbst basteln? Das wäre dann wenigstens etwas Eigenes, etwas Besonderes, das man gern viele Jahre lang aufhebt.

Der erste Schultag

Der erste Schultag ist für alle Kinder ein sehr wichtiger und aufregender Tag, auch wenn die Eltern sich große Mühe gegeben haben, seine Bedeutung nicht zu übertreiben.

In Berlin finden die Einschulungen an einem Samstag statt, damit auch alle berufstätigen Mütter und Väter ihre Kinder an diesem Tag begleiten können.

Auch die Einschulung ist ein Ritual, das den Neuen durch die Art, wie es organisiert ist, bestimmte Botschaften vermittelt, bestimmte Einstellungen und Haltungen nahelegt. Findet da etwas Feierliches auf erhöhter Bühne statt, das Eltern und Kinder nur passiv aufnehmen können? Oder werden sie mit einem fröhlichen Fest an langen Tischen empfangen als Partner, die man gern kennenlernen, mit denen man gern reden und zusammenarbeiten möchte?

Was tun die Eltern, während die Kinder zum ersten Mal in ihre Klassen gehen? Stehen sie hilflos wartend herum oder werden sie – vielleicht von den Elternvertretern – bewirtet und zu Gesprächen eingeladen?

Der „Unterricht“ des ersten Tages wird den Kindern helfen, ihre Scheu zu überwinden, sich in der Schule und in ihrem Klassenraum zurechtzufinden. Aber es gibt wahrscheinlich auch schon das eine oder andere „Appetithäppchen“ zum Lernen, weil doch alle so wild darauf sind, jetzt mit dem Lernen anzufangen.

Schulalltag

Ist die Einschulung, ist der erste Schultag vorüber, beginnt der Alltag – dieser Schulalltag der ersten Jahre, der so bedeutsam ist für die Grundhaltungen, die in dieser Zeit geprägt werden.

Soziale Beziehungen

Wie geht es Ihrem Kind in der Schule? Hat es schon Kontakt zu den anderen Kindern gefunden? Schwatzt und bolzt es mit ihnen in den Pausen? Geht es mit einigen den Schulweg gemeinsam? Sie finden es vielleicht ganz bequem, das Kind jeden Morgen mit dem Auto vor der Schultür abzusetzen – aber entgeht ihm da nicht viel an sozialen Kontakten? (Ganz davon abgesehen, daß Sie sich damit wenig umweltbewußt verhalten, zum Chaos auf den Straßen und zur Unfallgefahr vor den Schulen unnötig beitragen.)

In den ersten Wochen und Monaten werden die Kinder auch ihre soziale Rolle in der Klasse finden – es wird mindestens einen Klassenclown geben, der für die anderen Faxen macht, mindestens einen, der immer der Größte sein will oder eher mehrere, die sich um diese Position streiten. Es wird die Lauten geben und die Schweigsamen, die Mutigen und die Ängstlichen, die, die Dummheiten anfangen, und die, die mitmachen. Und es wird Kinder geben, die drohen zu Außenseitern zu werden, wenn man ihnen nicht hilft. Diese sozialen Beziehungen in der Klasse, diese das Verhalten prägenden Rollen sind für den Schulerfolg mindestens genauso wichtig wie der Lernstoff und die Lehrerin. Deswegen finden Sie dazu noch ein eigenes Kapitel: „Außenseiter, Streber, Sündenböcke".

Können Sie vielleicht etwas dazu tun, daß Ihr Kind gleich zu Anfang guten Anschluß findet? Darf es, sooft es mag, Freunde und Freundinnen mitbringen, ohne daß Sie die gleich einer kritischen Prüfung unterziehen? Hat es nachmittags Zeit und Gelegenheit genug, auch ohne die Nähe von Erwachsenen mit ihnen zusammenzusein?

Kontakt zur Lehrerin

Wie ist sein Kontakt zur Lehrerin? Fühlt es sich wahrgenommen und akzeptiert oder viel kritisiert und falsch verstanden?

Viele Kinder leiden in der ersten Schulzeit darunter, von der Lehrerin nicht so stark beachtet zu werden, wie sie das gern möchten und wie es auch notwendig wäre. Leider sind die Anfängerklassen oft so groß, daß auch die Lehrerin mit den besten Absichten für die individuelle Ansprache jedes einzelnen Kindes nur deprimierend wenig Zeit hat. Aber wenn Ihr Kind sich häufig übersehen, mißverstanden oder schlecht behandelt fühlt, sollten Sie unbedingt mit der Lehrerin darüber sprechen, bevor sich Voreinstellungen einschleifen, die später viel schwerer zu korrigieren sind.

Kontakt zu anderen Eltern

Haben Sie schon Kontakt zu den anderen Eltern? Regen Sie an, daß so schnell wie möglich eine Klassenliste mit Adressen und Telefonnummern verteilt wird – wegen des Datenschutzes müssen sich damit allerdings alle Eltern einverstanden erklären. Sie können dann sehen, welche Kinder noch in Ihrer Nähe wohnen, mit welchen das Kind vielleicht den Schulweg gemeinsam gehen, mit welchen Eltern Sie sich womöglich das Bringen und

Abholen aufteilen können, falls das wegen des Autoverkehrs nötig sein sollte. Und wenn Ihr Kind zum ersten, zweiten, dritten Mal vergessen hat, wann morgen der Unterricht beginnt oder was es zum Basteln mitbringen sollte, dann werden Sie froh sein, wenn es schnell mal jemanden anrufen kann.

Elternvertreter

Hat die erste Elternversammlung schon stattgefunden? Wollen Sie sich nicht zum Elternvertreter wählen lassen? Das ist in ersten Klassen oft besonders leicht, weil alle sich noch kaum kennen, und viele sind froh, wenn sich jemand anbietet. In den höheren Klassen werden dann meistens die alten Vertreter wiedergewählt. Als Elternvertreter können Sie versuchen, einiges an Ihrer Schule zugunsten der Kinder zu verändern.

Lehrmethoden

In der Vergangenheit gab es einige Jahre lang einen erbitterten Glaubenskrieg darüber, ob Kinder mit der synthetischen oder mit der analytischen Methode (Ganzheitsmethode) besser lesen und schreiben lernen. Synthetisch bedeutet, die Kinder lernen zuerst die Elemente, also die Buchstaben, kennen und setzen sie dann zu größeren Einheiten, also zu Wörtern und Sätzen, zusammen. Analytisch bedeutet, die Kinder lernen zuerst ganze Wörter oder kleine Sätzchen kennen, die sie dann in ihre Elemente zerlegen, feststellen, wo Buchstaben gleich sind, wie man sie im Wort heraushört und so weiter.

Dieser Krieg ist heute beendet. Keine der Methoden hat ihre grundsätzliche Überlegenheit beweisen können, beide haben Vor- und Nachteile. Die analytische Methode ist lebensnäher, gibt den Kindern schneller das befriedigende Gefühl, etwas zu können. Wenn sie aber zu lange ausschließlich beibehalten wird, verführt sie zum Raten, zur Ungenauigkeit im Detail. Deshalb benutzen die meisten Lehrer heute Mischformen, die beider Vorteile nutzen, die Nachteile vermeiden sollen.

Welche Methode eine Lehrerin benutzt, ist weniger wichtig, als daß sie mit der Methode ihrer Wahl gut umgehen kann, daß sie aber auch offen dafür ist, sie in Reaktion auf Schwierigkeiten der Kinder immer wieder abzuwandeln. Engagement und Offenheit sind also wichtiger. Man kann in jeder Methode phantasielos „pauken" oder Spaß an der Sache vermitteln, seinen Stil durchziehen oder auf Interessen und Erfahrungen der Kinder eingehen.

Wie Kinder mit Spaß und Interesse lesen und schreiben lernen können, möchte ich an zwei Beispielen erläutern:

Manche Lehrerinnen benutzen keine vorgefertigte Fibel, sondern lassen die Kinder ihre Fibel selbst herstellen. Jedes Kind bekommt am ersten Tag ein „Buch" mit seinem Namen und vielen leeren Seiten. In dieses Buch malen, kleben, schreiben die Kinder im Laufe des Unterrichts. Sie versuchen zum Beispiel zu notieren, was ihnen wichtig ist. Zu Anfang tun sie das fast nur mit Bildern und Symbolen, malen höchstens ihren Namen dazu. Nach und nach werden es Protokolle und Berichte aus ganzen Wörtern und Sätzen.

Auch ihre Lesefertigkeit üben die Kinder an diesen selbstproduzierten Texten. Die sind für sie natürlich wichtiger und interessanter als „Uli ist weg" oder „Wo ist Mama" aus der Fibel.

Eine Lehrerin hat, angeregt durch die ersten „Liebesbriefchen", die heimlich herumgereicht wurden, einen Briefkasten in der Klasse aufhängen lassen. Die Kinder haben ihn selbst aus einem großen Karton gebastelt. Während des Unterrichts durften die Kinder Briefe an andere Jungen und Mädchen schreiben, sich von der Lehrerin dabei beraten und helfen lassen, sie in den Kasten werfen. Alle paar Tage wurde der Kasten geleert, jedes Kind bekam seine Post. Wer Lust hatte, durfte seinen Brief laut vorlesen. Für die Kinder war das eine Gaudi – sie schrieben immer mehr Briefe. Sie lernten dabei lesen und schreiben – ohne Druck und ohne Drill.

Erste Probleme

Macht Ihrem Kind das Lernen Spaß? Hat es Probleme? Wie kommen die anderen Kinder mit dem Lernen zurecht? Wenn viele die gleichen Probleme haben, muß auf dem Elternabend darüber gesprochen werden.

Fehler

Aber was ist eigentlich ein Problem? Daß Ihr Kind noch nach vielen Monaten Unterricht jedes zweite Wort falsch schreibt? Das muß überhaupt keines sein, wenn die Zahl der richtigen Wörter langsam zunimmt. Nur wenn ein Kind weit hinter den meisten anderen zurückbleibt und an den Schwierigkeiten des Lesens und Schreibens schier verzweifelt, müssen Eltern, Lehrerin, vielleicht noch die Schulpsychologin, über besondere Förderungsmaßnahmen nachdenken.

(Von besonders großen Schwierigkeiten, das Lesen und Schreiben zu lernen, ist in einem späteren Kapitel, „Wer nämlich mit h schreibt . . .", die Rede.)

Ansonsten sollten Sie nicht so auf die Fehler starren, die Ihr Kind noch macht. Das gibt sich, wenn es gern schreibt. Korrigieren Sie deshalb auch nicht jedes Wort, wenn es Ihnen ein Zettelchen mit einer Nachricht auf den Küchentisch legt. Äußern Sie Ihre Freude über die gute Idee. Und wenn Sie schon bewerten müssen, zählen Sie lieber die richtigen Wörter, freuen Sie sich, wenn es langsam immer mehr werden. Und freuen Sie sich, wenn die Lehrerin es genauso macht. Ein Kind mit dickem Rotstift immer nur auf seine Fehler hinzuweisen, hebt die Lernfreude bestimmt nicht. Man erreicht damit lediglich, daß es nur noch die Wörter benutzt, deren Schreibweise es genau kennt. Die Spontaneität geht verloren.

Fehler sind keineswegs nur Mißgriffe beim Lernen, die ausgemerzt werden müssen. Welche Fehler ein Kind macht, gibt der Lehrerin Aufschluß darüber, welchen Entwicklungsstand es beim Erlernen einer Fähigkeit erreicht hat, wo es Regeln schon verstanden, aber vielleicht noch falsch angewendet hat, wo noch besondere Schwierigkeiten liegen.

Wenn Ihr Kind zum Beispiel „schpihln" schreibt, statt „spielen", dann hat es Laut für Laut das aufgeschrieben, was es hört, und das ist ein wichtiger Entwicklungsschritt. Daß es das fast unhörbare „h" hinter dem „i" eingebaut hat, zeigt, daß es schon lange und kurze Vokale unterscheidet, die Länge, wie es ja oft richtig ist, durch das hinzugefügte „h" darzustellen versucht.

Das ist eine gute Leistung! Was kann Ihr Kind für die Unlogik der deutschen Rechtschreibung? Es wird in späteren Entwicklungsschritten noch lernen müssen, bestimmte Regeln einzuhalten, oder Wörter, die keiner einsichtigen Regel folgen, einfach auswendig lernen müssen. Aber das hat noch Zeit!

Entmutigung

Auch wenn ich hier ausschließlich vom Lesen und Schreiben gesprochen habe – für alles andere, was die Kinder jetzt lernen, gilt im Grunde das gleiche. Das wichtigste, was sie jetzt brauchen, ist Ermutigung – ist das Bewußtsein, daß sie alles lernen können, was sie wollen, daß es vorwärtsgeht. Was sie überhaupt nicht gebrauchen können, ist Entmutigung – ist das Gefühl, daß ihnen alles über den Kopf wächst.

Ist Ihr Kind, wenn es aus der Schule kommt, extrem erschöpft? Wirkt es niedergeschlagen, lustlos, verzagt?

Dann lassen Sie sich genauer schildern, was in der Schule so los ist, und sprechen Sie auch mit anderen Eltern darüber.
Manche Lehrerinnen gehen mit zu viel Ehrgeiz an den Unterricht heran. Sie möchten sich mit den Leistungen ihrer Klasse hervortun, wollen unbedingt, daß sie „weiter" ist als die Parallelklasse. Dabei bleibt die Lernfreude der Kinder, zumindest die einiger Kinder, dann leicht auf der Strecke.

Bekommt Ihr Kind schon in der ersten Klasse täglich Hausaufgaben? Sind das gar langweilige und ermüdende Drillaufgaben? (Lesen Sie mehr darüber im Kapitel „Die leidigen Hausaufgaben".) Finden sich schon bald unter den Übungen Sternchen, Blümchen, Lach- oder Weinmännchen? (Mehr darüber finden Sie im Kapitel „Zensuren und Zeugnisse".)

Wird in der Klasse Ihres Kindes ständig Wettrechnen veranstaltet, bei dem die Fixen sich setzen dürfen, aber die Langsamen, die immer bis zuletzt stehen, sich täglich an den Pranger gestellt fühlen?
Dann wird es Zeit, daß Sie der Lehrerin klarmachen, was sie bei den Kindern damit anrichtet.

Oft sind es allerdings auch die Eltern, die drängen und schieben, denen es mit dem Lernen und Üben nicht schnell genug geht. Da erzählt ein Kind, daß die Lehrerin mit ihnen mitten in der Stunde manchmal eine „Polonaise" um Tische und Stühle oder sogar um den Schulhof macht. Muß das sein? In den Stunden sollen sie doch wohl lernen und nicht spielen, oder?

Doch, das muß sein. Erstkläßler können noch nicht eine ganze Schulstunde lang stillsitzen. Wenn sie sich einige Minuten lang konzentriert haben, brauchen sie unbedingt etwas Bewegung. Baut die Lehrerin das nicht in den Unterricht ein, bricht es sich in Aggressionen oder Kaspereien unkontrolliert Bahn und stört dann viel mehr.

Schielen auch Sie nicht auf die Leistungen der Parallelklasse oder auf die ihrer Nichten und Neffen. Freuen Sie sich, wenn sich Ihre Lehrerin auf die Bedürfnisse aller Kinder einstellt, nicht einfach mit den Schnellen vorwärtsrennt und die Langsameren, Stilleren, wenig Selbstbewußten zurückläßt. Freuen Sie sich, wenn sie die Kinder nicht unter Druck setzt.

Zurückstellung

Leider erfahren manche Kinder schon nach wenigen Wochen, daß sie den Anforderungen nicht genügen, daß sie in die Vorklasse, den Schulkindergarten zurückgeschickt werden sollen. Für die Kinder ist das sehr entmutigend. Zwar ist es sinnvoll, wenn schon zurückgestellt werden muß, das möglichst bald zu tun, aber manchmal sind Lehrkräfte auch zu schnell bereit, ein Kind zurückzulassen. Die Eltern können zwar darum kämpfen, daß ihr Kind doch bleiben darf. Aber ob es bei einer voreingenommenen Lehrerin, die im Grunde beweisen möchte, daß sie recht hatte, so gut aufgehoben ist?

Sitzenbleiben

Auch wenn ein Kind zum Schuljahresende sitzenbleiben soll, ist das für das Kind immer negativ. Unter Erziehungswissenschaftlern ist die Sinnlosigkeit, sind die negativen Folgen des Zurücksetzens und Sitzenbleibens unumstritten – an der Praxis ändert das leider wenig. Zu langsame, schwierige Kinder sind manchen Lehrern Sand im Getriebe, sie versuchen sie möglichst schnell loszuwerden. Ich wünschte mir, Lehrer bekämen Strafpunkte in einer Kartei für jedes Kind, das sie zurücklassen, das am Schuljahresende seine Lernziele nicht erreicht hat. (Allerdings muß ich denen mildernde Umstände einräumen, die immer noch in viel zu vollen Anfängerklassen unterrichten.)

Für Eltern ist es schwer, in dieser verpatzten Situation herauszufinden, was für ihr Kind jetzt das beste ist. Es ist leider das Schwächste in diesem Konflikt. Auf jeden Fall aber müssen sie es in Schutz nehmen gegen die Kränkung, ihm helfen, sein Selbstwertgefühl zu retten, ihm nicht etwa noch Vorwürfe machen. Sonst verliert es den Mut, findet sich damit ab, erfolglos und „doof" zu sein, sucht sein Heil in anderen Methoden, um sich unter seinen Mitschülern Geltung zu verschaffen.

Ein berühmtes Berliner Kindertheater hatte in einem seiner Stücke ein Lied mit dem Text:

„Doof gebor'n ist keiner, doof wird man gemacht." Das stimmt.

Kluge Kinder, gute Schüler?

Die meisten Eltern interessiert, spätestens, wenn ihr Kind in die Schule kommt, an diesem Thema dreierlei:

- Wie intelligent ist mein Kind?
- Wie kann ich seine Intelligenz fördern?
- Wie kann ich dazu beitragen, daß es in der Schule sein Bestes erreicht?

Wie intelligent ist mein Kind?

Beginnen wir mit der ersten Frage. Sie ist viel schwerer zu beantworten, als Sie vielleicht denken. Trauen Sie jedenfalls keinem Psychologen, der Ihnen nach ein- oder zweimaliger Prüfung mit einem Intelligenztest genau sagt, welchen IQ, welchen Intelligenzquotienten, Ihr Kind hat, und damit seine Aussichten auf gute oder schlechte Schulleistungen gewissermaßen voraussagt.

Erstens gehen in solche einmaligen Prüfungen zu viele Faktoren ein, die mit der Intelligenz nichts zu tun haben – Gehemmtheit, Aufgeregtheit, Mißverständnisse – und die das Ergebnis verfälschen, je jünger ein Kind ist, um so mehr.

Zweitens sind sichere Aussagen über die Intelligenz eines sechsjährigen Kindes noch kaum möglich. Die Chancen für positive wie für negative Entwicklungen sind noch sehr groß.

Die Festlegung eines IQ kann sich aber auswirken wie eine self fulfilling prophecy, eine Prophezeiung, die sich selbst erfüllt. Das Kind leistet so viel, wie man von ihm erwartet. Das kann, besonders wenn das Testergebnis schlecht ist, verhängnisvoll sein. Denn ein Kind, dem man gute Leistungen nicht zutraut, hat weniger Aussichten, Gutes zu leisten.

Wie sehr die Erwartungen von Lehrern die Intelligenzentwicklung von Schulkindern beeinflussen können, hat schon 1966 ein Experiment der Amerikaner Rosenthal und Jacobson ergeben: Sie haben die neuen Schüler einer Volksschule mit einem Intelligenztest geprüft, den Lehrern aber erklärt, es handle sich um einen Test, der es möglich mache, das „geistige Aufblühen" von Kindern vorauszusagen. Dann haben sie den Lehrern etwa 20% zufällig ausgewählter Kinder als wahrscheinliche „Schnellentwickler" benannt, die Lehrer aber gebeten, weder mit den Kindern noch mit ihren Eltern darüber zu sprechen. Als sie nach einem und noch einmal nach zwei Jahren die Intelligenztests wiederholten, ergab sich, daß die bezeichneten Schüler tatsächlich bessere Ergebnisse erzielten, tatsächlich „geistig aufgeblüht" waren, und das, obwohl viele von ihnen nach einem Jahr den Lehrer oder gar die Schule gewechselt hatten.

Es ist ziemlich sicher, daß negative Erwartungen einen vergleichbar negativen Effekt haben, aber das zu untersuchen verbot sich aus moralischen Gründen.

Drittens sind die „geistigen Reserven" der meisten Menschen sehr groß – kaum jemand erreicht je die Grenzen seiner Möglichkeiten. Mangelnde Intelligenz ist wirklich selten die Ursache für ungenügende Schulleistungen.

Gehen Sie deshalb ruhig davon aus, daß Ihr Kind alles, was es lernen möchte, auch lernen kann. Denn Intelligenz entwickelt sich nur dadurch, daß man sie benutzt!

Was ist Intelligenz?

Was ist denn eigentlich Intelligenz?

Intelligenz ist keine „objektive" Eigenschaft, die man durch die beteiligten Organe, ihre Funktionen und Wirkungsweisen definieren und mit zuverlässigen Instrumenten messen kann, wie etwa die Sehschärfe.

Wie gut oder schlecht jemand sieht, bestimmt die Form und das Funktionieren seines Auges. Im günstigsten Fall treffen sich die Lichteindrücke dessen, was er ansieht, im Innern des Auges genau auf der Netzhaut. Dann vermittelt das Gehirn ein scharfes Bild. Treffen sie sich davor oder dahinter, kann man genaue Maßzahlen für das Zuwenig oder Zuviel angeben und durch entsprechend angefertigte Linsen, also eine Brille, die Unschärfe korrigieren. Kurzsichtigkeit vererbt sich durch eine bestimmte Erbinformation von Eltern auf ihre Kinder.

Keine feste Eigenschaft

An diesem Beispiel ist die Erklärung ganz einfach. Überhaupt nicht einfach ist das bei der Intelligenz. Sie hat ihren Ort zwar im Gehirn, aber es gibt nicht etwa eine bestimmte, umgrenzte Stelle, die für die Intelligenz zuständig wäre. Das ganze Gehirn ist daran beteiligt. Aber das Gehirn eines Genies ist äußerlich nicht von dem eines Durchschnittsdenkers zu unterscheiden – nicht durch seine Größe, nicht durch die Zahl seiner Windungen. Albert Einstein hat sein Gehirn der Wissenschaft vermacht – man hat es genau untersucht, aber nichts Ungewöhnliches daran gefunden.

Auch unter den Trägern der menschlichen Erbeigenschaften, den Genen, findet sich nicht etwa eines, das für die Intelligenz zuständig ist – das, was möglicherweise an ihr erblich ist, ist auf ganz verschiedene Gene verteilt.

Wir fassen ja auch unter dem Begriff Intelligenz ganz unterschiedliche Fähigkeiten zusammen. Wir halten einen Menschen für intelligent,

- der einen großen Wortschatz hat,
- der vieles weiß,
- der Zusammenhänge leicht begreifen und erklären kann,
- der gut rechnen kann,
- der sich geometrische Figuren gut vorstellen kann,

- der ein gutes Gedächtnis hat,
- dem auch in schwierigen Situationen immer noch eine Lösung einfällt.

Intelligenzquotient

Die ersten Psychologen, die Intelligenz zu testen versuchten, haben sich nach diesem allgemeinen Verständnis gerichtet. Zu allem, was gemeinhin für intelligent gehalten wird, haben sie sich Aufgaben mit steigendem Schwierigkeitsgrad ausgedacht, sie auf ihre Treffsicherheit geprüft und dann zu Testbatterien zusammengestellt, nach denen man einen zusammenfassenden Meßwert für **die** Intelligenz errechnen kann. Dann haben sie Durchschnittswerte ermittelt. Für jeden einzelnen, der sich so einem Intelligenztest unterzieht, können sie jetzt angeben, wie intelligent er ist im Vergleich zu anderen, zum Durchschnitt. Diesen Wert bezeichnet man als seinen IQ, seinen Intelligenzquotienten.

Nur darüber, was denn nun Intelligenz eigentlich ist, erfahren wir auf diesem Wege überhaupt nichts. Denn **so ermittelt ist Intelligenz das, was der Intelligenztest mißt!**

Gibt es denn überhaupt so etwas wie eine feste Eigenschaft „Intelligenz", die hinter allen diesen Fähigkeiten steckt? Brauche ich für den gekonnten Umgang mit der Sprache die gleiche Fähigkeit wie für das Erkennen geometrischer Figuren? Hätte man nicht auch ganz andere Teileigenschaften zu einer gemeinsamen zusammenfassen können?

Der Verdacht liegt nahe, daß die Psychologen in ihren Intelligenztests das zusammengefaßt haben, was in unserer europäisch-nordamerikanischen Kultur im allgemeinen zu Erfolg und zu gehobenen Positionen führt. Und daß deshalb Menschen der unteren sozialen Schichten oder Menschen aus ganz anderen Kulturen in diesen Tests oft schlechter abschneiden.

Als man dies erkannt hatte, hat man versucht, Intelligenz weniger kulturabhängig zu definieren, Intelligenztests zu entwikkeln, die von Sprache oder Möglichkeiten schulähnlichen Lernens unabhängiger sind.

Danach ist Intelligenz die Fähigkeit, neue Lösungsmöglichkeiten für Probleme zu finden, für die die bisherige Erfahrung nicht ausreicht.

Diese Definition ist vielseitiger. Sie umfaßt die lebenspraktische Pfiffigkeit ebenso wie wissenschaftliches Nachdenken. Aber Tests zu entwickeln, die das eine ebenso erfassen wie das andere, ohne von der Übung abhängig zu sein, die einer darin hat, solche Probleme auf dem Papier oder im Gespräch zu erfassen und zu lösen, das ist fast unmöglich.

Ist Intelligenz erblich?

Wenn aber so wenig klar ist, was Intelligenz denn nun eigentlich ist, läßt sich erst recht kaum klären, ob sie nun eigentlich erblich ist oder nicht.

Es gilt inzwischen als erwiesen, daß bestimmte Anteile an dem, was wir gemeinhin Intelligenz nennen, auch durch erbliche Anlagen beeinflußt sind. Aber es gibt – ich sagte es schon – nicht etwa einen Erbfaktor, der Menschen mehr oder weniger intelligent macht – daran sind vielmehr viele verschiedene beteiligt.

Am stärksten scheinen noch das räumliche Vorstellungsvermögen und sprachliche Fähigkeiten anlagebedingt zu sein. Am wenigsten dagegen das, was wir gemeinhin fast mit Intelligenz gleichsetzen, nämlich die Fähigkeit zu logischem Denken. Denn die ist sehr stark vom Lernen abhängig, davon, daß ein Mensch für die Lösung logischer Probleme aus eigenen Erfahrungen eigene Strategien entwickelt. Und wiederum kann er die Fähigkeiten bevorzugt einsetzen, die er – vielleicht auch anlagebedingt – besitzt. So können Menschen mit unterschiedlichen Problemlösungsstrategien durchaus zu gleich guten Ergebnissen kommen, können auch Schwächen auf einem Gebiet ausgleichen, indem sie Stärken auf einem anderen gekonnt einsetzen.

Übrigens gibt es auch keine Beweise dafür, daß die verschiedenen Fähigkeiten auf die beiden Geschlechter anlagebedingt ungleich verteilt sind – daß also Mädchen mit der Sprache besser umgehen können und Jungen besser mit Mathematik und Informatik. Das lehrt zwar die Erfahrung an fast jeder Schule, aber es gibt viele Belege dafür, daß es durch Erfahrung und nicht durch Veranlagung bedingt ist.

Der Psychologe Rolf Oerter benutzt, um das Verhältnis zwischen Anlage und Umwelt in bezug auf die Intelligenz zu erläutern, das Bild vom Acker und den darauf wachsenden Früchten. Die Anlagen sind dem Acker, seiner Bodenbeschaffenheit vergleichbar. Die Intelligenzleistungen sind die Früchte, die auf dem Acker wachsen. Der gleiche Acker kann recht unterschiedliche Früchte tragen, die überhaupt auf diesem Boden gedeihen. Wie gut sie jedoch gedeihen, wird von recht vielseitigen Umweltfaktoren abhängig sein – vom Wetter und Klima, von Schädlingen und Giftstoffen, von der Pflege. Bestimmte Mängel des Bodens können durch gezielte Pflege ausgeglichen werden. So können unter ungünstigen Bedingungen auf dem besten Acker miserable Früchte wachsen, unter günstigen aber sehr gute auf einem kargeren.

Große Reserven

Intelligenz ist also keine Fähigkeit, die einem in bestimmtem Maße in die Wiege gelegt wird – oder eben nicht. In die Wiege gelegt ist allen Menschen die Fähigkeit, mehr als jedes andere Lebewesen seine Fähigkeiten durch Lernen verbessern zu können. Die Möglichkeiten und die Reserven sind da riesengroß – so groß, daß kaum ein Mensch je an die Grenzen seiner Möglichkeiten stößt. Aber wie oft können wir die Erfahrung machen, daß selbst geistig behinderte Kinder unter günstigen Bedingungen Fähigkeiten entwickeln, die man vorher nicht für möglich gehalten hätte. Zu oft hat in der Vergangenheit der Rückgriff auf die angeblich fehlende Begabung dazu geführt, sich um die Entwicklung der Intelligenz von Kindern nicht ausreichend zu bemühen.

Intelligenz muß sich entwickeln

Denn Intelligenz muß sich entwickeln. Sie ist eben keine statische Größe, die von Anfang an vorhanden ist, auch in dem Menschen, der kaum Möglichkeiten hat, sie zu üben.

Wir können Intelligenz nur messen in ihren Äußerungen, also in intelligentem Verhalten – beim Lösen von lebenspraktischen Aufgaben oder beim Beantworten von Testfragen. Das aber kann und muß man lernen.

Dadurch, daß sich ein Mensch ständig an solchen Aufgaben versucht, entwickelt er Techniken, mit ihnen zurechtzukommen, entwickelt Lösungsstrategien für logische Probleme, lernt, dabei seine besonderen Stärken gezielt einzusetzen, seine Schwächen auszugleichen. Die Folge ist eine Steigerung seiner geistigen Leistungen, seiner Intelligenz.

Über die Intelligenz eines Menschen, der keine Gelegenheit hatte, sie zu üben, können wir keine Aussage machen. Ein Kind zum Beispiel, das seine Intelligenz nicht an unter Menschen üblichen Aufgaben trainieren konnte, weil es allein unter Tieren aufwuchs, oder auch, weil es wie ein Tier im Käfig gehalten wurde, das ist, wenn es aufgefunden wird, nach unseren Definitionen und Meßmethoden „schwachsinnig“. Je später es aus diesem Zustand herausgeholt wird, desto geringer werden seine Möglichkeiten, das Versäumte noch aufzuholen.

Intelligenz muß also von Anfang an ständig angeregt und geübt werden, damit sie sich entwickeln, damit sie sich als intelligentes Verhalten äußern kann.

Der Nährboden der Intelligenz

Damit sind wir bei der zweiten unserer Eingangsfragen, nämlich wie denn die Intelligenz eines Kindes gefördert werden kann.

Einen großen Einfluß auf die Entwicklung seiner Intelligenz haben zunächst einmal günstige oder ungünstige Umweltbedingungen.

Babys, die von niemandem geliebt werden, die keine Zärtlichkeiten erfahren, deren Versuche zur Kontaktaufnahme mit der Welt nicht beantwortet werden, die bleiben „schwachsinnig“, in extremen Fällen sterben sie.

Kinder, die sich selbst nichts zutrauen, weil andere ihnen nichts zutrauen, die bleiben weit hinter ihren Möglichkeiten zurück.

Kinder, die Angst haben, Angst vielleicht vor Fehlern, für die sie bestraft werden, die trauen sich nicht zu experimentieren. Experimente aber fördern die Intelligenz.

Der wichtigste Nährboden für die Entwicklung der Intelligenz ist also Nestwärme, Selbstvertrauen und Neugier.

Erfahrungen machen

Ein Kind entwickelt seine Intelligenz in dem, was es tut. In einer an Erfahrungsmöglichkeiten reichen Umwelt wird es klüger, in einer an solchen Möglichkeiten armen Umgebung sinkt sein Intelligenzniveau.

So hat man in den USA in Untersuchungen an Kindern in einsamen Berggegenden festgestellt, daß ihr Intelligenzniveau von Jahr zu Jahr immer mehr sank. (Sie hatten eben zu wenig Gelegenheit, das zu üben, was unsere Intelligenztests messen. Und die Fähigkeiten, die man braucht, um in einsamen Berggegenden leben zu können, sind in unseren Intelligenztests nicht gefragt!)

Keine Lernprogramme

Diese nicht gerade neue Erkenntnis hat besonders in den 60er und 70er Jahren viele Eltern dazu bewogen, ihre Kinder von klein auf mit Übungen und Lernprogrammen zu traktieren. Zum Glück hat sich inzwischen aber auch herumgesprochen, daß das nichts bringt, sondern oft eher das Gegenteil des Gewünschten erreicht. Denn so ist das mit den reichen Erfahrungen nicht gemeint. Ein Kind, das lebensfroh und neugierig ist, das sucht sich seine Gelegenheiten zum Lernen selbst, das untersucht alles, das begreift seine Umwelt, indem es sie erkriecht, erläuft, erklettert – sofern Sie es nicht ständig davon abhalten oder es in einen Laufstall sperren. Später dann nervt es Sie ständig mit Fragen, die Sie nur geduldig zu beantworten brauchen. Vielleicht nimmt es auch seine Spieluhr auseinander, um zu sehen, warum sie nicht mehr geht.

Ein Kind, das in seinem Unternehmungsgeist nicht gebremst wird, das mit seinen Lernversuchen auf freundliches Interesse stößt, das viel Gelegenheit hat, mit Menschen zu reden und auch von ihnen ernst genommen wird, das hat alles, was es braucht, um ein kluges Kind zu werden.

Im Alter von drei, vier Jahren braucht es dann oft mehr Futter, als die heute übliche „Kleinfamilie" ihm geben kann – mehr Kinder und mehr Erwachsene um sich, mehr Erfahrungsmöglichkeiten, mehr Anreize zur Selbständigkeit, als sie die häusliche Wohnung zu bieten hat. Dann ist es Zeit für den Kindergarten. Aber auch da sind Lernprogramme und Dressurversuche der Entwicklung seiner Intelligenz eher hinderlich. Denn Intelligenz entfaltet sich immer nur an Fragen, die man selbst beantwortet haben will, an Problemen, die man selbst lösen möchte. Ohne diese Voraussetzung ist Üben wirkungslos. Es kann allerdings Kindern die Lust am Lernen verleiden, dann hören sie auf, neugierig zu sein. Leider passiert das sehr oft in unseren Schulen. Deshalb ist Schulunterricht so manches Mal eine Bremse für die Entwicklung der Intelligenz.

Intelligenz fördern

Wenn Sie also die Intelligenz Ihres Kindes fördern wollen, dann sorgen Sie dafür, daß es die Lust am Lernen nicht verliert.

- Unterstützen Sie seine Neugier und seinen Unternehmungsgeist, auch wenn es dabei mal Dinge auseinandernimmt, die Sie lieber ganz behalten hätten,
- freuen Sie sich, wenn es eine Lehrerin bekommt, die diesen Forscherdrang ausnutzt, anstatt mit den Kindern zu pauken,
- wehren Sie sich, wenn es zu Hause langweilige Drillaufgaben machen soll (mehr darüber im Kapitel „Die leidigen Hausaufgaben“),
- trösten Sie Ihr Kind, wenn es mal Mißerfolge hat oder schlechte Noten bekommt,
- sagen Sie ihm, daß Sie es trotzdem liebhaben und an seine Fähigkeiten glauben,
- ersparen Sie ihm aber Sprüche wie: „Bei deiner Intelligenz müßtest du aber . . .“, sonst mag es womöglich gar nicht mehr intelligent sein.
- Versuchen Sie möglichst viele Bedingungen im Leben Ihres Kindes so zu gestalten, daß es selbstsicher, neugierig, unternehmungslustig, fröhlich und optimistisch ist. Dann wird es eine Menge mehr begreifen können als ohne diese Bedingungen.

Intelligenz und Schulerfolg

Intelligenz ist bei weitem nicht das einzige, nicht einmal das wichtigste, was über die Schulleistungen eines Kindes entscheidet. Mindestens genau so wichtig ist,

- ob es sich in der Schule wohl fühlt,
- ob es Freunde findet und einen anerkannten Platz in der Klassengemeinschaft hat
- oder ob es vor der Lehrerin, vor den anderen Kindern Angst hat,
- ob es sich von seinen Eltern geliebt weiß oder ob es das Gefühl hat, mit guten Zensuren ihre Zuwendung verdienen zu müssen,
- ob es mit sich selbst zufrieden ist oder glaubt, es würde ja doch immer alles falsch machen,
- ob es sich mit seinen Interessen und Ideen in der Schule angenommen fühlt oder ob es den Eindruck hat, was da verhandelt werde, sei nicht sein Ding.

Auf diese Bedingungen werde ich in den folgenden Kapiteln noch näher eingehen.

Gute Noten sind nicht alles

Erwarten Sie aber auch nicht, daß sich alles, was Ihr Kind tut und lernt, gleich in guten Noten niederschlägt. Es ist nicht allzu schwer, einem Kind mit Druck und Drill zu guten Zensuren in der Grundschule zu verhelfen. Welche negativen Folgen Sie damit in Kauf nehmen, darüber finden Sie mehr in den Kapiteln „Allerlei Lernhindernisse“ und „Zensuren und Zeugnisse“.

Und schließlich sind Schulerfolg und Erfolg im Berufsleben noch einmal zwei ganz verschiedene Dinge – fragen Sie mal Menschen, die Sie für erfolgreich halten, nach ihren Schulzeugnissen – Sie werden sich wundern!

aft
R

Allerlei Lernhindernisse

Intelligenz ist nicht alles

Intelligenz ist meistens nicht das Entscheidende für den Schulerfolg, das habe ich im vorigen Kapitel zu belegen versucht. Viele andere Einflüsse spielen dabei mit eine Rolle. Zunächst die äußeren Bedingungen, unter denen ein Kind lebt. Und die reichen von seiner Nationalität über das Einkommen der Eltern und die Größe der Wohnung bis zur familiären Situation. Kinder zum Beispiel, deren Väter oder Mütter große Sorgen oder materielle Probleme haben, etwa weil sie arbeitslos geworden sind, lassen oft in ihren Schulleistungen nach. Denn die Sorgen und Selbstzweifel der Eltern belasten auch sie.

Auch wenn Eltern sich trennen, reagieren viele Kinder mit Schulproblemen. Sie sind verunsichert und aus der Bahn geworfen, da ist zunächst einmal wenig Raum für stetiges und zuversichtliches Lernen.

Aber es soll nicht der Eindruck entstehen, als seien an allem, was in der Schule nicht gut klappt, wieder mal die Eltern und die häuslichen Verhältnisse schuld. Auch die schulischen Bedingungen sind oft nicht so, daß Kinder erfolgreich lernen können. Oder sie sind für das eine Kind günstig, für das andere ganz und gar nicht.

Und dann sind da noch Eigenheiten des Kindes, die wesentlich über den Schulerfolg entscheiden – seine Motivation zum Lernen, seine Fähigkeit, sich zu konzentrieren, seine Ängstlichkeit. Allerdings müssen wir auch bei denen nach den äußeren Bedingungen fragen, die diese Eigenheiten fördern oder hemmen. Sehen wir uns die wichtigsten genauer an:

„Er könnte, wenn er wollte"

„Er könnte, wenn er wollte" steht manchmal auf dem Zeugnis eines Jungen, und damit scheint klargestellt: Es ist seine eigene Schuld, wenn er wenig leistet. Aber auch wollen muß man können!

Heute sagt man, einem Kind, das nicht lernen will, fehlt die Motivation. Motivation zum Lernen, das heißt Spaß am Lernen haben, das bedeutet, daß Lernen zum Bedürfnis wird.

Allerdings ist es ein Irrtum zu glauben, je höher die Motivation, desto besser die Leistung. Manche Kinder sind so „übermotiviert", so wild entschlossen, alles besonders gut zu machen, daß der kleinste Mißerfolg sie umwirft.

Am günstigsten, so hat sich erwiesen, ist eine mittlere Motivation, Lust zu lernen, aber auch nicht zu viel, und auch mal Lust auf Dummheiten oder was anderes.

Kleine Kinder lernen gern

Die Motivation eines Kindes zum Lernen kann gefördert und gelenkt werden. Geweckt zu werden braucht sie nicht. Jedes Menschenkind kommt mit einer enormen Lernbegierde auf die Welt. Sie wird wachgehalten durch Erfolge, die das Kind mit seinen Bemühungen hat. Das kleine Kind, das zum ersten Mal allein eine Tür geöffnet hat, genießt das Hochgefühl, durch die offene Tür zu spazieren, vielleicht noch die Verblüffung der Mutter, die ihm das nicht zugetraut hatte. Es braucht kein Lob und kein verordnetes Trainingsprogramm, um weiter das Türaufmachen zu üben.

Auch die Erstkläßlerin macht ihre ersten Schreibversuche aus der Begeisterung, damit anderen etwas mitteilen zu können. Die Belohnung für das Schreibenlernen ist das Schreibenkönnen. Aber wir müssen uns fragen, wie wir es fertigbringen, diese Lernbegierde bei vielen Kindern in nur wenigen Schuljahren kaputtzumachen. Das ist ein weites Feld, das ich hier nur sehr grob skizzieren kann.

„Krücken" für die Motivation

Zum einen beschäftigen wir die Kinder oft mit Themen, die sie zur Zeit gar nicht interessieren – wir beantworten ihnen Fragen, die sie gar nicht gestellt haben.

Damit die Lernmotivation trotzdem nicht nachläßt, versuchen wir sie mit „Krücken", mit Ersatzmotivationen zu stützen. Wir belohnen die Kinder mit Zensuren und regen sie zum Wettbewerb an. Sie lernen dann, um vor den anderen zu glänzen, und nicht mehr, weil Lernen Spaß macht. (Lesen Sie dazu auch das Kapitel: „Zensuren und Zeugnisse".)

Später zahlen wir vielleicht noch Geld für gute Noten. Oder wir drohen mit Strafen für schlechte. Die Kinder lernen dann, weil sie Geld brauchen, weil sie sich vor Geschimpfe, vor Stubenarrest oder mütterlichen Tränen fürchten.

Wenn es ganz schlimm kommt, setzen wir das, was eigentlich Spaß machen soll, auch noch als Strafmittel ein: „Weil du keine Lust zum Schreiben hast, mußt du drei Seiten zur Strafe schreiben". Welch ein Widersinn!

All diese Ersatzanreize haben einen gemeinsamen Nachteil: Sie wirken nur, so lange sie da sind. Gibt es keine Belohnungen mehr, drohen keine Strafen mehr, ist kein Anreiz mehr vorhanden zu lernen. Denn der Spaß am Lernen ist bei dem vielen Getue darum verlorengegangen.

Besonders beim für schlechte Leistungen bestraften Kind zerstören die negativen Erfahrungen mit dem Lernen die Motivation. Es geht dem Lernen lieber aus dem Wege. Das ist nicht seine Schuld, das bewirken wir mit unserer Pädagogik.

Lernhindernis Schule

Aus diesem Grund behaupten viele engagierte Pädagogen, das wichtigste Lernhindernis für unsere Kinder sei die Schule. Seit fast einem Jahrhundert werden immer wieder Modelle für Reformschulen, für Unterrichtsformen entwickelt, in denen die

Kinder ohne Druck selbst fragen und entdecken, in denen sie das Lernen lernen und die Lust am Lernen behalten. Im kleinen versuchen auch viele Lehrer und Lehrerinnen an öffentlichten Schulen, wenigstens ein bißchen davon in ihrem Unterricht zu erreichen. Hat Ihr Kind so eine(n)? Dann freuen Sie sich und versuchen Sie ihn (oder sie) zu unterstützen.

Bemühen Sie sich auch selbst, Ihrem Kind den Spaß am Lernen, am Fragen, am Experimentieren zu erhalten.

Sorgen Sie dafür, daß Ihr Kind beim Lernen nicht überfordert, allerdings auch nicht ständig unterfordert wird. Denn die meiste Befriedigung verschaffen Aufgaben, die man gerade so bewältigen kann.

Hüten Sie sich insbesondere vor Strafen für schlechtes Lernen – sie sind das sicherste Mittel, die Lernmotivation kaputtzumachen.

Kann sich nicht konzentrieren

Wenn wir den Lehrern glauben wollen, sind unsere Schulkinder immer weniger in der Lage, im Unterricht aufmerksam zu sein, sich über eine gewisse Zeit auf eine Aufgabe zu konzentrieren. Ein erheblicher Prozentsatz, mal 10%, mal 40%, wird von ihnen als „unkonzentriert" oder als „konzentrationsgestört" bezeichnet. Aber was heißt das?

Wenn Lehrer das näher beschreiben, sagen sie etwa: Diese Kinder stören ständig den Unterricht. Sie hampeln herum, reden dazwischen, lassen sich leicht ablenken, beschäftigen sich mit allem möglichen, nur nicht mit dem Unterrichtsstoff. Sie hören nicht richtig zu, vergessen ständig etwas, arbeiten zu schnell und flüchtig, oder sie sind nicht bei der Sache und deshalb zu langsam. Sie passen nicht auf, gucken aus dem Fenster und träumen. Sie konzentrieren sich jedenfalls nicht auf das, worauf sie sich konzentrieren sollen. Aber warum?

Was steckt dahinter?

Die Feststellung: „Das Kind kann sich nicht konzentrieren" faßt also recht verschiedene Verhaltensweisen unter einem Begriff zusammen. Sie schiebt dem Kind den Schwarzen Peter zu, läßt nur bei ihm nach Ursachen suchen, nach einer Störung, die durch Ermahnen, durch Therapie, vielleicht gar durch ein Medikament – behoben werden soll. Vor allem aber enthebt sie Lehrer wie Eltern der Notwendigkeit, über die Ursachen solcher Schulschwierigkeiten auch selbstkritisch nachzudenken.

Wie ist das bei Ihnen? Sind Sie beim Lesen dieses Textes wirklich konzentriert bei der Sache? Wenn nein – warum nicht? Vielleicht interessiert Sie ja dieser Abschnitt überhaupt nicht, oder er ist zu langweilig geschrieben. Vielleicht sind Sie aber auch mit einem Ohr im Kinderzimmer, wo sich gerade wieder mal ein Streit anbahnt? Oder Sie sind einfach müde und können nichts mehr so recht auffassen. Oder Sie verfolgen nebenbei die Nachrichten im Radio. Eine Menge einsichtiger Gründe also, die Sie daran hindern, sich ganz auf den Text zu konzentrieren. Aber wären Sie nicht gekränkt, wenn ich Ihnen daraufhin eine Konzentrationsstörung attestieren würde? Sie konzentrieren sich nicht – das heißt doch aber noch nicht, daß Sie es unter anderen Bedingungen nicht können!

Bei den Kindern ist das nicht anders. Zum Beispiel bei Benjamin.

Wenn Benjamin Schularbeiten macht, dauert das ewig, weil er sich ständig durch irgend etwas ablenken läßt. Er rennt an die Tür, um nachzusehen, wer die Treppe hinaufgeht. Er bemalt seinen Radiergummi. Er spitzt alle seine Buntstifte an. Er läuft zum Telefon. Er jagt eine Fliege, die durch das Zimmer brummt. Aber wenn er dann endlich fertig ist, kann er mit Hingabe und Ausdauer an seinem neuen Modellauto basteln – keine Fliege und kein Telefon bringen ihn davon ab.
Benjamin kann sich also konzentrieren, er tut es nur oft nicht.
Oder nehmen Sie Emine.
Emine liebt Micky-Maus-Hefte. Wenn sie eines in der Mappe hat, guckt sie in langweiligen Stunden gern mal rein. Eigentlich will sie nebenher noch auf das aufpassen, was die Lehrerin sagt. Aber dann ist sie doch wieder ganz gefangen. Sie ist ganz und gar bei der Sache – nur nicht bei der, die die Lehrerin anzubieten hat.

Wenn Kinder in der Schule oft nicht bei der Sache sind – kann das vielleicht auch an der Sache liegen und an der Art, wie sie dargeboten wird?

Wenn sie sich ständig ablenken lassen – erscheint ihnen das Ablenkende wichtiger und interessanter? Und warum?

Wenn Kinder ständig herumhampeln – haben sie den Tag über genug Gelegenheit, sich zu bewegen?

Wenn Kinder ständig dazwischenreden – haben sie zu selten das Gefühl, angehört zu werden?

Wenn sie nicht aufpassen – wo sind sie mit ihren Gedanken? Haben sie Probleme, die sie beschäftigen?

Wenn Kinder über eine gestellte Aufgabe gar nicht erst nachdenken – trauen sie sich die Lösung nicht zu? Warum nicht? Haben sie Angst, die sie blockiert?

Wenn sie träumen – wovon träumen sie? Ist es in ihrem Traumland schöner als in der Schule? Warum?

Die Klage ist nicht neu

Die Klage, daß Schulkinder immer unkonzentrierter werden, ist nicht neu. 1924–26 gaben amerikanische Grundschullehrer an, 30% ihrer Schüler seien überaktiv, ruhelos und unkonzentriert. In den folgenden Jahrzehnten wurde immer wieder über eine auffallende Zunahme von Konzentrationsschwäche bei Schulkindern berichtet. Die angegebenen Zahlen und Merkmale haben sich seitdem kaum verändert.

Dem scheint nun freilich die Erfahrung jeder Mutter zu widersprechen, die heute am Unterricht in einer Schulklasse teilnimmt und das, was sie da erlebt, mit ihren eigenen Schulerfahrungen vergleicht. Aber waren wir nicht auch unaufmerksam und unkonzentriert? Ich glaube, die heutigen Schulkinder sind es nur viel ungenierter. Wenn wir uns noch bemühten, obwohl wir mit den Gedanken ganz woanders waren, ein intelligentes und aufmerksames Gesicht zu machen, um nicht aufzufallen, haben die heutigen Kinder weniger Hemmungen, deutlich merken zu lassen, daß sie nicht bei der Sache sind.

Wer da nur nach einer „Störung" sucht, macht es sich jedenfalls zu einfach.

Aber viele Kritiker, die „heute" mit „früher" vergleichen, sagen auch, früher seien doch oft 50 Kinder in einer Klasse gewesen, und trotzdem sei ruhiger und konzentrierter gearbeitet worden. Heute seien es nur 25, aber unter denen sei manchmal der Teufel los. Ich glaube, daß dieser Schein trügt. Unter den Fünfzig früherer Klassen saßen stets viele, die den Mut zum Lernen längst verloren hatten, die sozusagen in den letzten Bänken vergessen wurden. Sie saßen da und störten nicht weiter. Auch heute nennen die meisten Lehrer bei der Frage nach unkonzentrierten Kindern die Kribbeligen, Lauten, Aggressiven. Die Stillen, die Träumer, die „Weggetretenen" fallen viel weniger auf. Aber im Schnitt sind die Kinder heute anspruchsvoller. Jedes verlangt für sich das Recht, beachtet und nach seinen individuellen Bedürfnissen gefördert zu werden. Auch Eltern erwarten das, und auch Lehrer wollen keine Kinder mehr unbe-

Marie Marcks

achtet zurücklassen. Deshalb müssen die Klassen kleiner werden, deshalb sind auch 25 Kinder oft noch zuviel.

Keine schnellen Erklärungen

Auch die schnelle Erklärung von der „Reizüberflutung", die moderne Kinder nervös und unkonzentriert mache, ist nicht beweisbar. Eine Untersuchung von 1973 ergab zum Beispiel zwischen den Konzentrationsleistungen von Stadt- und Landkindern keine bedeutsamen Unterschiede.

Ob Erstkläßler aufmerksam bei der Sache sind, ist in erster Linie abhängig von der Lehrerin und ihrem Unterricht.

Entwicklung der Aufmerksamkeit

Eltern und Lehrer, die glauben, Schulanfänger durch Ermahnungen zu mehr Aufmerksamkeit bewegen zu können, übersehen eine wichtige entwicklungspsychologische Tatsache: Kinder in den ersten Schuljahren sind noch kaum in der Lage, ihre Aufmerksamkeit willentlich für längere Zeit bei einer Sache festzuhalten. Sie muß sozusagen durch interessante Reize von außen „eingefangen" werden.

Aufmerksam sein, sich konzentrieren, ist eine aktive Tätigkeit, die gelernt werden muß. Das Kleinkind wird aufmerksam gemacht durch ungewöhnliche, durch auffällige Außenreize. Es reagiert darauf, indem es etwas tut – eine Sache mit Mund, Händen, Augen untersucht. Erst im Laufe vieler Jahre lernt es nach und nach, sich einer Aufgabe aufmerksam zuzuwenden, die – vermittelt durch Sprache – nur in seinem Kopf existiert, und sie durch konzentriertes Nachdenken zu lösen.

Das Kind in den ersten Schuljahren befindet sich noch mitten auf diesem Weg. Es braucht noch lange die Außenreize, die seine Aufmerksamkeit erregen, es lernt und behält etwas viel besser, wenn es eine Sache aktiv handelnd erkunden, im wörtlichen Sinne be-greifen darf. Es lernt aufmerksames, konzentriertes Arbeiten nicht dadurch, daß man es ermahnt, gefälligst aufmerksam zu sein, sondern dadurch, daß seine Aufmerksamkeit durch interessante Angebote angeregt und durch Möglichkeiten zum handelnden Erfassen festgehalten wird.

Aufmerksamkeitsspannen

Die Zeitspanne, die ein Kind seine Aufmerksamkeit aktiv einer Sache zuwenden kann, ist zunächst recht kurz, verlängert sich erst im Laufe der Jahre. Freilich ist es sehr schwer, hier Durchschnittsangaben zu machen, denn die Zeit ist sehr abhängig von der Sache, der die Aufmerksamkeit gelten soll. Faszinierendes hält Babys wie Erwachsene länger fest als Langweiliges. Aber mit aller Vorsicht kann man von folgenden Durchschnittswerten ausgehen, die Kinder aufmerksam bei einer Sache bleiben können – von 5–7 Jahren bis zu 15 Minuten, von 7–10 Jahren bis zu 20 Minuten, von 10–12 Jahren bis zu 25 Minuten (nach Rapp).

Nun ist aber eine Schulstunde in der Regel 45 Minuten lang – was folgt daraus?

Höhen und Tiefen

Hinzu kommt, daß jeder Mensch neben diesem ständigen Auf

und Ab von aufgabenbedingten Konzentrations- und Entspannungsphasen tageszeitlichen Schwankungen seiner Fähigkeit zur Aufmerksamkeit unterworfen ist. Die meisten haben eine gute Zeit zwischen 9 und 12 Uhr und noch einmal zwischen 16 und 19 Uhr, aber ein Tief zwischen 13 und 15 Uhr. Für wie viele Kinder ist das noch Schulzeit oder die Zeit, in der sie ihre Hausaufgaben erledigen! Eine Kommission „Anwalt des Kindes“ hat deshalb 1976 gefordert, die Unterrichtszeiten am Vormittag stark zu begrenzen – in der 1. und 2. Klasse auf maximal 3 Stunden, in der 3. und 4. Klasse auf maximal 4 Stunden, in höheren Klassen auf maximal 5 Stunden. Was darüber hinausgeht, sei wegen Übermüdung effektlos oder wirke sich eher negativ aus.

Sind das nicht Anhaltspunkte genug, die Ursachen für die angeblichen „Konzentrationsstörungen“ der Kinder erst mal in den Bedingungen zu suchen, die wir Erwachsenen ihnen vorgeben?

Körperliche Ursachen

Es mögen einige Fälle übrigbleiben, bei denen die Ursache für schnelle Ermüdbarkeit, für die Unfähigkeit, sich zu konzentrieren, für überschießende Aktivität bei den Kindern und ihrer körperlichen Verfassung gesucht werden müssen. Bekannt ist

zum Beispiel, daß die Fähigkeit zur Konzentration nachläßt, wenn der Blutzuckerspiegel zu sehr absinkt. Dem muß freilich nicht durch süße Pausenschnitten abgeholfen werden. Aber ein reichhaltiges Frühstück und ein solides, appetitliches Pausenbrot helfen auch dem Verstand wieder auf die Beine. Warum aber kriegen viele Kinder vor der Schule nichts herunter? Hast, Beklemmung, Angst vor einer anstehenden Arbeit? Dann sind wir doch schon wieder bei den äußeren Bedingungen!

Hyperaktivität

Bleibt noch die in letzter Zeit vielbeschriebene Hyperaktivität, auch hyperkinetisches Syndrom (HKS), auch Aufmerksamkeitsdefizitstörung (ADS) genannt. Davon spricht man bei Kindern, die selbst unter günstigen Bedingungen so überschießend aktiv sind, so unfähig, sich auch nur kurze Zeit auf irgend etwas zu konzentrieren, daß hier schon von einer Störung mit Krankheitswert gesprochen werden muß. Seit diese Störung vor etwa 30 Jahren beschrieben wurde und einen Namen erhielt, wird die Diagnose immer häufiger gestellt. In den letzten Jahren wurden mancherorts bis zu 15% aller Kinder, um ein Vielfaches mehr Jungen als Mädchen, als „hyperaktiv“ bezeichnet. Ob wirklich das Aktivitätsniveau der Kinder so zugenommen hat oder nur die Neigung der Ärzte und Psychologen, diesen modernen Begriff zu gebrauchen?

Immerhin hat der Arzt Dr. Heinrich Hoffmann schon 1847 mit seinem Zappelphilipp im Struwwelpeter so ein „hyperaktives“ Kind beschrieben und sein Verhalten unter die häufigsten Kinderprobleme eingereiht.

Mit dem eindrucksvollen Namen ist zunächst auch überhaupt noch nichts gewonnen. Denn hier wird allein nach dem äußeren Erscheinungsbild unter einem Begriff zusammengefaßt, was die unterschiedlichsten Ursachen haben kann. Damit wird eine Klarheit und Eindeutigkeit vorgetäuscht, die es überhaupt nicht gibt. Das gemeinsame Etikett weckt Hoffnungen auf ein gemeinsames, einfaches Heilmittel. Das aber gibt es nicht.

Welches können die Ursachen einer solchen Störung sein? Es gibt viele Vermutungen, aber noch kaum bewiesene Zusammenhänge. In den meisten Fällen werden auch mehrere, körperliche wie psychische Ursachen zusammenwirken.

Es ist durchaus möglich, daß allein die psychische Situation eines Kindes, zum Beispiel die Angst, verlassen oder übersehen zu werden, Ansprüchen nicht zu genügen, das krampfhafte Bemühen, auf sich aufmerksam zu machen, ein Kind so auffallend und unerträglich umtriebig und unkonzentriert machen kann.

Bei vielen der betroffenen Kinder scheint eine Entwicklungsverzögerung vorzuliegen, die auch noch an anderen Fähigkeiten feststellbar ist. Die Kinder lernen oft spät sprechen, bleiben in ihrem Sprachverständnis hinter den anderen zurück. Sie begreifen langsamer, kommen auch nicht gut mit Gleichaltrigen zurecht. Auch ihr Aktivitätsniveau und ihr Aufmerksamkeitsverhalten ist dann das vielleicht zwei Jahre jüngerer Kinder. Unter Gleichaltrigen aber wirken sie damit „unnormal".

Die meisten holen diese Verzögerung im Laufe der Kindheit auch ohne Behandlung auf. In der Schule freilich haben sie oft die größten Schwierigkeiten, weil ihre Überaktivität, ihre Unfähigkeit, sich zu konzentrieren, da ganz besonders auffallen und stören. Später im Beruf haben die meisten diese Probleme nicht mehr, aber sie haben möglicherweise Nachteile durch Spätfolgen in Form von schlechten Zeugnissen und Schulabschlüssen.

Als weitere mögliche Ursachen für Hyperaktivität sind unter anderem im Gespräch:

Der – womöglich erbliche – Mangel an bestimmten Botenstoffen, sogenannten Neurotransmittern im Gehirn, geringfügige Funktionsstörungen des Gehirns, zum Beispiel durch Erkrankungen vor, während oder kurz nach der Geburt (MCD = Minimale Cerebrale Dysfunktion), Bleibelastungen aus der Umwelt, allergische Reaktionen auf Zusatzstoffe in Nahrungsmitteln.

Aber glauben Sie mir – die Wahrscheinlichkeit, daß Ihr Kind zu diesen wenigen Extremfällen gehört, ist ziemlich gering. Die Versuchung ist nur sehr groß, an so eine einfache Ursache zu glauben, die dann auch eine einfache Therapie, eine Diät oder die Gabe eines Medikaments nahelegt.

Ursachen genauer prüfen

In den meisten Fällen werden Sie schon weiträumiger suchen müssen, um dahinterzukommen, warum Ihr Kind in der Schule nicht aufpaßt, warum die Lehrerin behauptet, es könne sich nicht konzentrieren.

Lassen Sie sich Ihr quirliges, lebendiges Kind aber auch nicht leichtfertig vermiesen. Sicher, solche Kinder können für die Lehrer eine arge Belastung sein, und verständlicherweise hätten sie sie gern ruhiger und angepaßter. Für ein Kind aber ist es im allgemeinen schlimmer, wenn es zu ruhig, wenn es gehemmt und schüchtern ist. Es kriegt wahrscheinlich weniger Schwierigkeiten in der Schule, aber auch weniger Hilfe, wird leichter übersehen.

Lehrer empfinden manchmal auch Kinder als störend und unkonzentriert, die einen ungewöhnlichen Denk- und Arbeitsstil haben. Wenn ein Kind häufig auf Ideen kommt, die der üblichen Schulroutine nicht entsprechen, kann sich das so auswirken, daß es schlechte Noten bekommt. Die Psychologin Lilly Kemmler fand 1967, daß Jungen und Mädchen, die trotz guter Begabung schlechte Schulleistungen hatten, in einem Test zum Einfallsreichtum einen höheren Punktwert an „Originalität" im Denken erreichten als andere Kinder. Ungewöhnliche Ideen, dazu noch ungeduldig vorgetragen, sind oft Sand im Getriebe des Schulalltags.

In der Schule besonders erfolgreich sind Kinder, die bedachtsam und systematisch arbeiten. Die Impulsiven, denen unentwegt was Neues einfällt, die schnell, aber dafür nicht so sehr genau sind, haben oft schlechtere Noten, denn sie machen viele Fehler. Im späteren Leben aber kann ihr Denk- und Arbeitsstil durchaus auch von Vorteil sein. Das systematische, fehlerfreie Durchführen einer Vorgabe wird uns im Berufsleben mehr und mehr von Computern abgenommen. Aber die zündenden, ungewöhnlichen, kreativen Ideen, die müssen nach wie vor aus unseren Köpfen kommen. Wenn Sie aber wirklich meinen, Ihr Kind sei in schulischen Dingen zu unkonzentriert, dann sehen Sie sich die Bedingungen in der Schule genauer an. Sprechen Sie auch mit anderen Eltern. Geht es nur Ihrem Kind so oder vielen anderen auch? Stoßen Sie auf Bedingungen, die für alle Kinder gleich ungünstig sind, müssen Sie gemeinsam versuchen, daran etwas zu ändern. Hat nur Ihr Kind Probleme, müssen Sie gemeinsam mit der Lehrerin herausfinden, was genau ihm Schwierigkeiten macht und wie Sie das ändern können.

Wenn Sie es allein nicht herausfinden können, wenden Sie sich an eine schulpsychologische Beratungsstelle oder an eine Erziehungsberatung. Dort wird man, wenn das nötig erscheint, ein Programm entwickeln, nach dem Ihrem Kind gezielt geholfen werden kann. Denn, wie gesagt, mit ständigen Ermahnungen ist es nicht getan. Die vergiften nur die Atmosphäre zwischen Ihnen und Ihrem Kind.

Angst macht dumm

Wenn ein Kind schlecht lernt, möchten Eltern ihm oft ein bißchen „Dampf machen“, damit es sich mehr anstrengt. Sie schimpfen über schlechte Zensuren, drohen mit Strafen, verhängen Stubenarrest, wenn ein „blauer Brief“ gekommen ist. Und auch manch ein Lehrer rastet aus, wenn ein Schüler oder eine Schülerin sich gar zu begriffsstutzig anstellt. Er schnauzt sie an oder haut mit der Faust auf den Tisch.

Eltern wie Lehrer glauben, so ein Donnerwetter erhöhe die Motivation zum Lernen, und mehr Mühe führe dann auch zu besseren Leistungen. Das mag in einer kleinen Zahl von Fällen gelegentlich stimmen, nämlich bei Kindern, die sonst gute Schüler sind und ein solides Selbstbewußtsein haben – die selbst wissen, daß sie vorübergehend geschlampt haben, die auch wissen, daß und wie sie das Versäumte aufholen können. Aber bei denen ist dann eigentlich auch die Strafe überflüssig.

In allen anderen Fällen erreichen diese Methoden eher das Gegenteil. Kinder, die beim Lernen Angst haben – vor Blamage, vor Strafen, vor elterlicher Enttäuschung, Kinder, die sehr aufgeregt sind, wenn sie etwas leisten sollen, die können nicht ihr Bestes geben, weil Angst und Aufregung das Denken, das Lernen und Erinnern blockieren.

Wie Denken funktioniert

Um das zu erklären, muß ich einen kleinen Ausflug machen in die Funktionsweise des Gehirns. Ich halte mich dabei an die recht anschaulichen Beschreibungen, die Frederic Vester in seinem Buch „Denken, Lernen, Vergessen“ (Taschenbuch) gegeben hat.

Ein Kind, das über etwas nachdenken, sich an etwas erinnern soll, das muß in seinem Gehirn Verbindungen herstellen zwischen dem, was es soeben – als Aufgabe zum Beispiel – sieht oder hört, und anderem, was in seinem Gedächtnis zu diesem Problem schon gespeichert ist und bei der Aufgabenlösung helfen könnte. Es müssen die passenden Informationen herausgesucht und miteinander in Verbindung gebracht werden. Dazu müssen im Gehirn viele winzig kleine knopfartige Schaltstellen zwischen den Nervenbahnen aktiviert werden, damit die Gedankenströme fließen, die Gedächtnisinhalte gefunden und einsortiert werden können. Damit diese Schalter, die sogenannten Synapsen, aktiviert werden können, bedarf es bestimmter Botenstoffe oder Transmitter, die in den Synapsen in kleinen Bläschen produziert werden. Kommt ein Gedankenimpuls an so einer Synapse an, dann platzen die kleinen Bläschen, ihr Inhalt überbrückt einen Spalt und stellt die Verbindung her. Ohne diese Botenstoffe kommt der Impuls nicht weiter, er wird blockiert.

Nun greifen aber auch noch andere Stoffe, nämlich Hormone, in diesen Vorgang ein. Hormone können den Gedankenfluß fördern oder behindern.

Streßhormone

Insbesondere zwei Hormone behindern eher den Gedankenfluß. Das sind die sogenanten „Streßhormone“ Adrenalin und Noradrenalin. Sie werden von der Nebenniere blitzschnell in den Blutkreislauf geschüttet, wenn jemand einen Schreck bekommt, etwas Beunruhigendes oder Beängstigendes wahrnimmt. Dadurch wird die Energieversorgung im Körper angeregt, der Blutdruck gesteigert, aber der Nachschub an Botenstoffen für den Gedankentransport gebremst.

Das hat biologisch durchaus einen Sinn. Ein Mensch, der in Gefahr gerät, soll blitzschnell fliehen oder sich verteidigen können, aber nicht durch Nachdenken Zeit verlieren.

So, wie wir heute leben, wird dieser Vorgang allerdings oft auch zum Hindernis. Aus Prüfungsangst, aus dem Schreck, plötzlich im Unterricht aufgerufen zu werden, könnte nur blitzschnelles Nachdenken retten. Aber gerade das wird durch die Streßhormone blockiert. Wegrennen oder auf den Lehrer losgehen dagegen gilt nicht als akzeptable Lösung.

Diese Wirkung der Streßhormone können Sie auch an sich selbst beobachten. Sie kennen das sicher auch, daß Ihnen in kritischen Situationen, wenn Sie aufgeregt sind, selbst das nicht einfällt, was Sie sonst immer wissen. Haben Sie noch nie in großer Aufregung Ihre eigene Telefonnummer vergessen? Oder es fiel Ihnen ein Name nicht ein, obwohl er Ihnen „auf der Zunge lag“. Je verzweifelter Sie in einer solchen Situation in Ihren Gehirnwindungen kramen – zum Beispiel weil Ihnen diese Vergeßlichkeit peinlich ist –, desto aussichtsloser wird es. Denn Sie setzen sich weiter unter Streß, und die Streßhormone blockieren weiter das Suchen im Gehirn. Erst wenn Sie das Grübeln aufgeben, erst wenn die Konzentration der Streßhormone im Blut zurückgegangen ist, erst wenn die Botenstoffe an den Schaltstellen wieder fließen, taucht das, was Sie so verzweifelt gesucht haben, ganz plötzlich wieder auf.

Dasselbe passiert Ihrem Kind, wenn Sie es anschnauzen, weil es das schriftliche Malnehmen nicht kapiert, wenn es in der Schule Angst hat, etwas Falsches zu sagen oder unter Zeitdruck ein Diktat schreiben muß.

Frederic Vester berichtet von einem Versuch an Münchener Schulen, bei dem gut durchgearbeiteter Schulstoff nach einigen Wochen unter verschiedenen Begleitumständen wieder abgefragt wurde. Eine Gruppe wurde betont freundlich, ermutigend, eher plaudernd befragt. Eine andere ließ der Lehrer spüren, daß er von ihrem Wissen nichts hielt, schüchterte sie ein, schnauzte sie

du lernst doch für dich und nicht für die Schule!
M. Marks

an. In der ersten Gruppe gaben die Kinder 91% richtige Antworten, in der zweiten Gruppe dagegen nur 50%.

Macht ein Kind solche Erfahrungen immer wieder, dann kann diese Denkblockade sozusagen zur Dauerreaktion werden – das Denken setzt aus, sobald etwas an Schule oder an Lernen überhaupt nur erinnert.

Es müßte deshalb das Ziel der Pädagogik sein, jeden Lernvorgang so streßfrei wie möglich zu halten.

Streßfestigkeit

Nun werden Sie vielleicht einwenden wollen, so sei das Leben nun einmal nicht. Wer weiterkommen wolle, müsse Eignungstests und vielerlei Prüfungen erfolgreich bestehen können und das deshalb auch frühzeitig üben. Das ist zum Teil richtig. Streßbewältigung kann trainiert werden. Aber als Basis dazu bedarf es eines soliden Selbstvertrauens. Ein Kind, das weiß, daß es viel weiß und gut denken kann, das kann trainieren, sich durch Prüfungsangst weniger aus der Ruhe bringen zu lassen. Ein Kind, das seiner Leistungsfähigkeit sicher ist, wird auch Prüfungen, so aufregend sie sind, mit mehr gespannter Hoffnung als mit Versagensangst erwarten. Aber dieses solide Selbstvertrauen muß eben in vielen Jahren möglichst streßfreien Lernens aufgebaut und gefördert werden.

Deshalb ist, um es auf eine kurze Formel zu bringen, streßarmes Lernen in der Schulzeit die beste Basis für Streßfestigkeit im späteren Leben.

Der Lernstreß, dem ein Kind ausgesetzt ist, kann in der Schule entstehen, aber auch im Elternhaus – oder in beiden. Viele Eltern sind immer wieder verzweifelt darüber, daß ihr Kind zu Hause, wenn es etwa für ein Diktat übt, fast alles weiß, dann aber in der Arbeit doch wieder viele Fehler macht. Das zeigt, daß das Kind zu Hause weniger Lernstreß ausgesetzt ist als in der Schule und sollte Eltern in ihrer Haltung gegenüber dem lernenden Kind bestätigen. Entscheidend ist auch die Erkenntnis, daß das Kind das Geforderte kann. Das sollten Sie ihm immer wieder zur Ermutigung sagen. Daß die Arbeit doch wieder schlechter ausfiel, ist dagegen längst nicht so wichtig. Es sagt nichts über die Leistungsfähigkeit des Kindes, aber viel über fehlendes Selbstvertrauen. Deshalb braucht so ein Kind viel Trost und Bestätigung.

Eltern sollten aber auch im Gespräch mit der Lehrerin prüfen, warum das Kind in der Schule so unter Streß steht, daß es nicht zeigen kann, was es kann und weiß.

Oder ob sie den Streß doch auch selbst erzeugen, weil sie zu großes Gewicht auf gute Zensuren legen?

Keine Medikamente!

Eine dringende Bitte zum Schluß:

Lassen Sie sich von niemandem einreden, es gebe ein wirksames Medikament gegen Konzentrationsstörungen und Schulprobleme. Wechseln Sie den Kinderarzt, wenn der angesichts solcher Sorgen gleich zum Rezeptblock greift. Im harmloseren Fall nutzt das Mittel zwar nichts, schadet aber auch nicht direkt. Trotzdem ist es indirekt für Ihr Kind von Schaden, denn es suggeriert ihm, daß man Leistungsprobleme mit Hilfe von Chemie lösen kann. Heute ist das Mittel vielleicht ein harmloser „Aufbausaft", später können es Alkohol oder Aufputschmittel sein. Der schnelle Griff zum Medikament fördert süchtiges Verhalten. Es gibt aber auch Mittel, die speziell gegen Schulstreß angeboten werden, die enthalten dämpfende Drogen mit schweren Nebenwirkungen. Geben Sie Ihrem Kind so etwas nicht! Gegen Angst vor Klassenarbeiten, gegen Bauchschmerzen oder Erbrechen an Schultagen hilft keine Medizin. Das einzig sichere und ungefährliche Mittel gegen Schulstreß ist, die äußeren Ursachen für diesen Streß zu beseitigen – keinen Druck mehr wegen Zensuren und notfalls Schulwechsel.

Wer nämlich mit h schreibt …

Stärken und Schwächen

Selten können Kinder alles, was sie lernen oder tun, gleich gut. Jedes hat besondere Stärken auf dem einen und Schwächen auf einem anderen Gebiet. Eines ist vielleicht fix mit den Gedanken, aber sehr vergeßlich. So schnell, wie ihm etwas zufliegt, ist es auch wieder davon. Ein anderes ist ganz groß darin, Kontakt zu anderen Menschen aufzunehmen, aber ungeschickt mit seinen Händen. Das ist völlig normal. Die meisten Menschen lernen, ihre Schwächen durch anderweitige Talente auszugleichen. Manchmal nimmt so eine Schwäche freilich ein Ausmaß an, das dem Betroffenen doch ernsthafte Schwierigkeiten macht.

In der Schule werden nicht alle Talente, die ein Kind hat, in gleicher Weise gefordert und bewertet. Hat es seine Stärken auf in der Schule wenig beachteten Gebieten, eine Schwäche aber in einem Bereich, der dort von Anfang an im Mittelpunkt steht, dann wird dieser Bereich leicht zum Maßstab für seine Leistungsfähigkeit überhaupt.

Lese-Rechtschreib-Schwäche

So ein Gebiet, das in der Schule zentrale Bedeutung hat, ist das Lesen und Schreiben, insbesondere das Schreiben. Deshalb fällt eine Teilleistungsschwäche in diesem Bereich mehr auf als manche andere, deshalb ist die Lese-Rechtschreib-Schwäche auch gründlicher untersucht worden als manche andere. Trotzdem ist es wohl wichtig festzuhalten, daß sie keine exotische Besonderheit ist, sondern eben eine Teilleistungsschwäche wie viele andere auch, wovon wohl auch jeder die eine oder andere hat.

In der allgemeinen Meinung wird fehlerfrei schreiben zu können für ganz besonders wichtig gehalten. „Wer nämlich mit h schreibt, ist dämlich“, heißt es da etwa, oder wenn man begründen will, daß jemand für einen gehobenen Posten ungeeignet sei, sagt man vielleicht: „Der kann ja nicht mal richtig schreiben.“ Bis in die fünfziger Jahre hinein ist diese Bewertung auch kaum je angezweifelt worden. Schreibfehler waren im Berufsleben jedenfalls schlimmer als Charakterfehler.

In den letzten Jahrzehnten aber hat sich herumgesprochen, daß es viele durchaus kluge Menschen gibt, die aus den verschiedensten Gründen speziell mit dem Lesen und Schreiben besondere Schwierigkeiten haben. In den meisten Schulen bemüht man sich heute, diese Schwierigkeiten möglichst frühzeitig zu erkennen und den betroffenen Kindern gezielt zu helfen. Es gibt auch in den meisten Bundesländern besondere Bestimmungen über die Förderung von Kindern mit Lese-Rechtschreib-Problemen.

Frühe Mißerfolge

Trotzdem beginnt ein lese-rechtschreib-schwaches Kind seine Schullaufbahn mit Mißerfolgserlebnissen, was sich als Entmutigung und negative Selbsteinschätzung leicht auf andere Bereiche ausbreitet. Auch die Lehrer schließen oft von diesen als erste leicht überprüfbaren Leistungen auf das, was sie generell von einem Kind erwarten. Und die Fähigkeit, schnell und richtig zu lesen und zu schreiben, ist ja auch später für alle anderen Schulfächer eine wichtige Voraussetzung, selbst wenn Rechtschreibfehler in der Mathematikarbeit nicht bewertet werden.

Was hat es denn nun auf sich mit dieser Lese-Rechtschreib-Schwäche, kurz LRS genannt oder auch Legasthenie?

Keine Krankheit

Der letzte Begriff bedeutet auch nichts weiter als „Schwäche im Lesen", aber der griechische Ausdruck legt nahe, es handle sich hier um eine bestimmte Krankheit. So sah man das zunächst auch, vermutete eine angeborene, womöglich erbliche Störung der Gehirnfunktion. Inszwischen hat sich herausgestellt, daß das nicht stimmt.

Daß ein Kind speziell mit dem Lesen und Schreiben ungewöhnliche Probleme hat, kann die unterschiedlichsten Ursachen haben, und fast immer sind auch mehrere daran beteiligt. Dazu kann auch mal eine geringe Funktionsstörung des Gehirns gehören, auf jeden Fall kommen aber viele andere Faktoren hinzu, die darüber entscheiden, ob diese Störung ausgeglichen werden kann oder für das Kind gravierend wird.

Das wird leichter verständlich, wenn wir uns vergegenwärtigen, wie viele verschiedene Teilleistungen für das Lesen und Schreiben notwendig sind.

Lesen und schreiben lernen ist schwer

Ein Kind, das lesen und schreiben lernt, muß gewissermaßen das, was unsere Vorfahren, die die Schrift erfanden, geleistet haben, noch einmal nachvollziehen. Es muß lernen, wie wir etwas, was wir sagen, Laut für Laut, Wort für Wort in einem Satz abbilden. Es muß begreifen, daß dabei bestimmte Laute bestimmten Schriftzeichen entsprechen. Das ist gar nicht so einfach, wie wir Erwachsenen zunächst denken mögen.

Die Berliner Pädagogik-Professorin Renate Valtin hat beschrieben, daß Vorschulkinder zum Beispiel das Wort „Kuh" für länger halten als das Wort „Piepvögelchen", „weil die Kuh größer ist". Sie verstehen noch nicht, daß wir uns beim Aufschreiben nach den Lauten des Namens, nicht nach den Eigenschaften des Gegenstandes richten.

Ein Kind, das lesen lernt, muß zum einen diese 26 zunächst fremden Zeichen unterscheiden, behalten und wiedererkennen lernen. Es muß einigermaßen sicher rechts und links, oben und unten unterscheiden können, wie sollte es sonst behalten, wo beim b und beim d der „Bauch" sitzt? Es darf auch die Buchstaben nicht mal von rechts nach links, mal von links nach rechts aneinanderreihen, sonst gerät alles durcheinander.

Ein Kind, das aufschreiben soll, was es hört, muß aber auch gesprochene Laute genau unterscheiden können – muß heraushören, was ein b und was ein p, was ein g und ein k ist.

Dann muß es all diese Zuordnungen – wie die einzelnen Laute sich anhören und wie sie geschrieben aussehen, richtig behalten, wiedererkennen oder aus dem Gedächtnis nachmachen können. Und zwar nicht nur jeweils einzeln, sondern in Worten auch in der richtigen Reihenfolge, ohne daß alle durcheinanderpurzeln.

Und schließlich muß es auch noch mit feinen und präzisen Bewegungen das, was es im Kopf hat, zu Papier bringen können. Das ist für alle Kinder eine schwierige Leistung, die einige Zeit braucht.

Allen Kindern fällt es zunächst schwer, ein Wort in Laute zu zerlegen und diese Laute dann alle in der richtigen Reihenfolge nach dem Hören zu Papier zu bringen. Später müssen sie dann noch lernen, sich nach Regeln zu richten, die mit dem, was man hört, oft nicht übereinstimmen.

Diese Entwicklung vollzieht sich bei allen Kindern in bestimmten Stufen, die sie nach recht unterschiedlich langer Übungszeit erreichen. Auf welcher Stufe sie sich gerade befinden, erkennt eine gute Lehrerin an den Fehlern, die sie bei dem Versuch machen, einen gehörten Satz zu Papier zu bringen. Deshalb sind Fehler auch keine „Sündenfälle“, sondern wichtige Bestandteile des Lernprozesses.

Wie alle, nur langsamer

Kinder mit Lese-Rechtschreib-Schwierigkeiten lernen auf die gleiche Weise, nur langsamer. Sie verharren länger auf Entwicklungsstufen, die die anderen bereits verlassen haben.

Die bereits erwähnte Renate Valtin hat einmal typische Schreibweisen eines sehr früh schreibenden Vorschulkindes mit denen zweier legasthenischer Kinder des dritten Schuljahres aus einem Rechtschreibtest verglichen. Sind die Ähnlichkeiten nicht verblüffend? (Kind 2 ist das Vorschulkind.)

Wort	**Kind 1**	**Kind 2**	**Kind 3**
Sonne	Sorie	Sone	Sonne
Milch	Milsch	Milhe	Milch
Mund	Munt	Mund	Mund
steigen	sgen	schdeiken	schteigen
Freund	Fönt	Frönd	Freud
Zwerg	Zer	Zwek	Zerg
Sträucher	Sarch	Schrsr	Schtreuser
Zopf	Zof	Zof	Zof

Wenn Ihr Kind also zunächst das S oder Z spiegelbildlich schreibt, b und d verwechselt, aus Kindern GINTR oder KIDER oder KINTER macht, wenn es statt spielen splien schreibt, dann ist das zunächst kein Grund zur Besorgnis. Erst wenn es beim Lesen und Schreiben meilenweit hinter den anderen zurückbleibt, liegt der Gedanke nahe, daß es da an einer Stelle besondere Schwierigkeiten haben müsse und dann der besonderen Förderung bedarf.

Keine typischen Fehler

Es ist nicht so, daß legasthenische Kinder ganz besondere, typische Fehler machen, an denen man sie erkennen und von anderen Kindern mit generell schwachen Leistungen unterscheiden könnte. Sie machen die gleichen Fehler wie andere auch, nur eben viel länger und häufiger. Deshalb wird die Lese-Rechtschreib-Schwäche heute auch meistens danach definiert, daß ein Kind sehr viel mehr Fehler macht als der Durchschnitt, und oft wird als weiteres Kriterium dazugenommen, daß diese Schwäche mit seiner allgemeinen Intelligenz nicht zusammenpaßt.

Viele Ursachen

Da so viele verschiedene Teilleistungen am Lesen und Schreiben beteiligt sind, können auch recht unterschiedliche Schwächen auf recht unterschiedlichen Gebieten zu Schwierigkeiten beim Lesen und Schreiben führen. Zusätzlich können alle Faktoren, die Schulleistungen überhaupt ungünstig beeinflussen, wie Streß, Angst, Zappeligkeit, Mangel an Konzentration oder Motivation, solche Schwierigkeiten verstärken oder doch verhindern, daß ein Kind sie durch eine Stärke auf einem anderen Gebiet auszugleichen lernt. Man muß deshalb davon ausgehen, daß jede Lese-Rechtschreib-Schwäche nicht nur eine, sondern viele verschiedene Ursachen hat, die sich wechselseitig beeinflussen und verstärken. Diese Ursachen können sowohl im Kind selbst als auch in seiner Umwelt liegen.

Oft wurde Lese-Rechtschreib-Schwäche mit Linkshändigkeit in Verbindung gebracht. Man vermutete, daß linkshändige Kinder dazu neigen, spiegelbildlich zu lesen und zu schreiben und deshalb die Richtungen besonders leicht verwechseln. Das stimmt aber nicht. Ebenso wenig läßt sich beweisen, daß Kinder, die in ihrer Händigkeit noch unsicher sind, besonders leicht Probleme mit dem Lesen und Schreiben bekommen. Deshalb soll man Kinder mit Lese-Rechtschreib-Problemen nicht etwa drängen, alles nur rechts oder nur links anzupacken. Es ist auf jeden Fall von Vorteil, wenn jedes Kind seine beiden Hände so geschickt wie möglich zu gebrauchen lernt.

Oft wurden bestimmte Lehrmethoden, genauer gesagt die Ganzheitsmethode, verdächtigt, für die vielen Kinder mit Rechtschreibproblemen verantwortlich zu sein. Bei dieser Methode beginnen die Kinder nicht mit einzelnen Buchstaben, die sie dann erst zu Wörtern verbinden, sondern sie üben und erkennen zunächst ganze Wortgebilde, aus denen sie dann erst die einzelnen Laute herauslösen. Das macht mehr Spaß, weil man gleich Sinnvolles und Beeindruckendes lesen kann. Aber der Verdacht lag nahe, daß diese Methode, streng einseitig und sehr lange beibehalten, Kinder eher zum oberflächlichen Betrachten oder zum Raten verführt. Das hat sich zwar nicht beweisen lassen, hat aber doch dazu geführt, daß die meisten Lehrer heute, auch wenn sie mit ganzen Worten beginnen, schon nach wenigen Wochen mit dem genaueren Analysieren, dem Herauslösen der einzelnen Laute beginnen.

Besonders für Kinder mit Rechtschreibproblemen scheint es von Vorteil zu sein, wenn nicht nur eine Methode benutzt wird, sondern auf mehreren Wegen der Zugang zur Schrift gesucht wird. Denn wenn die eine vielleicht für die besondere Schwäche des Kindes eher nachteilig ist, kann eine andere Methode das womöglich ausgleichen.

Oft, aber nicht immer, sind lese-rechtschreib-schwache Kinder allgemein in ihrer sprachlichen Entwicklung hinter den anderen zurück, also auch in der Art sich auszudrücken, in ihrem Wortschatz, im Beherrschen der Grammatik. Vielfach haben sie auch Probleme, Laute richtig auszusprechen. Und da bedingen Sprechen, Schreiben und Lesen sich dann gegenseitig. Was man nicht genau genug artikuliert, das kann man auch schlechter schreiben. Was man beim lauten Lesen undeutlich ausspricht, das kann man auch in seiner Bedeutung nicht richtig erfassen.

Bei anderen Kindern liegen die besonderen Schwierigkeiten eher im akkuraten Erfassen mit den Augen. Sie sehen einfach nicht, daß sie statt lieb leib geschrieben haben oder verwechseln beim Lesen ähnliche Wortbilder.

Bei vielen Kindern fällt einfach auf, daß sie die gleichen Wörter mal richtig und – womöglich wenige Zeilen weiter – mal falsch schreiben. Sie können sich das, was richtig ist, schwer merken.

Eins greift ins andere

Ein Kind, das ruhig, bedachtsam und sorgfältig arbeitet, kann eine solche Schwäche leichter ausgleichen als eines, das flüchtig und fahrig ist. Eines, das sehr sauber und deutlich schreibt, hilft sich selbst dabei, die vielen neuen Zeichen richtig zu behalten und wiederzuerkennen. Aber diese feinen genauen Bewegungen mit dem Stift machen vielen Kindern zunächst große Schwierigkeiten.

Diese Erkenntnis darf auch nicht zu ungerechten Vorwürfen führen. Oft fällt auf, daß ein rechtschreibschwaches Kind die ersten Zeilen eines Diktats ordentlich, konzentriert und relativ fehlerfrei schreibt. Im weiteren Verlauf nimmt die Fehlerzahl dann immer mehr zu, die Schrift wird fahriger, es wird mehr durchgestrichen als hingeschrieben, oft genug geht gegen Schluß alles im Chaos unter. Mit einem Appell: „Paß doch besser auf!“ oder „Schreib doch mal ordentlich!“ ist da nichts zu machen. Dieser Verlauf zeigt, daß das Kind mit großer Mühe und Konzentration zu den geforderten Leistungen in der Lage ist, vom Umfang der Arbeit und vom Tempo aber einfach überfordert wird. Bestünde sein Diktat aus wenigen, ganz langsam gesprochenen Wörtern oder Zeilen, könnte es gute Fortschritte machen.

Ein Kind, das für seine vielen Fehler oder für seine verunglückten Buchstaben gescholten wird, wird dadurch blockiert und verkrampft. Dadurch werden seine Leistungen nicht besser, sondern schlechter. Es verliert die Lust am Lernen, Lesen und Schreiben werden ihm zur Qual, die es meidet, wo es irgend geht. Dadurch hat es zu wenig Gelegenheiten zum Üben, und seine Leistungen werden noch schlechter.

Kinder mit einem solchen Schulschicksal haben oft ein sehr geringes Selbstvertrauen. Weil sie aber trotzdem etwas gelten möchten, verfallen manche auf ungewöhnliche Verhaltensweisen wie ständiges Herumkaspern oder aggressives Benehmen. Oder sie sind sehr labil in ihrer Stimmungslage, mal überschwenglich, mal mürrisch oder sehr leicht reizbar.

Sie sehen, wie hier eines ins andere greift, wie aus einer geringfügigen Schwäche, die mit Lust an der Sache und sorgfältig abgestimmten Anforderungen sicher auszugleichen wäre, eine ernsthafte Leistungs- und Persönlichkeitsstörung werden kann. Deshalb ist es sehr wichtig, wie die Lehrerinnen in der Schule und die Eltern zu Hause auf Schwierigkeiten von Kindern mit dem Lesen und Schreiben reagieren.

Was tun?

Machen Sie Ihrem Kind Mut. Sagen Sie ihm, daß es eines Tages genausogut wird lesen und schreiben können wie die meisten anderen, auch wenn das bei ihm länger dauert.

Machen Sie, wenn das Kind Ihnen etwas aufschreibt, kein Aufhebens von den Fehlern, die es dabei macht. (Lesen Sie dazu auch beim Stichwort „Fehler“ im Kapitel: „Aller Anfang ist schwer“.) Achten Sie höchstens für sich darauf, welche Fehler gehäuft auftreten, was ihm besonders schwerfällt.

Sprechen Sie mit der Lehrerin. Ist sie auch der Meinung, daß Ihr Kind besorgniserregend weit zurück ist und besonderer Förderung bedarf? Dann wird auch sie versuchen, die besonderen Schwierigkeiten Ihres Kindes herauszufinden und gezielte Übungen dafür zusammenzustellen.

Vielleicht wird die Lehrerin Sie bitten, auch zu Hause regelmäßig ein bißchen zu üben. Dabei dürfen Sie aber nicht übertreiben. Täglich eine Viertelstunde ist das Äußerste! Was ich im Kapitel „Hausaufgaben“ zu dem Stichwort „Weniger ist mehr“ geschrieben habe, gilt hier erst recht. Das rechtschreibschwache Kind hat schon mehr Mühe mit den Hausaufgaben als andere. Wenn Sie da jetzt auch noch eine längere Übungszeit dranhängen, vergeht ihm die Lust am Lesen und Schreiben ganz und gar.

Machen Sie keine sturen Lese- und Diktatübungen. Spielen Sie Scrabble, schreiben Sie ihm Wörter mit Lücken auf, die es dann ausfüllen soll, denken Sie sich Ratespiele aus.

Viele gute Beispiele für kurzweilige Übungen im Lesen finden Sie in den Büchern (für verschiedene Klassenstufen) von Helge und Helmut Tamm: „Lies mit uns, schreib mit uns".

Systematischer und für Rechtschreibprobleme besser geeignet ist die Übungsmappe „Schreiben und Rechtschreiben" aus dem Schroedel-Verlag (ab 3. Schuljahr).

Wenn Sie aber feststellen, daß Sie beim gemeinsamen Üben leicht ungeduldig werden, schimpfen und tadeln, statt zu ermutigen, dann sollte das Üben lieber jemand anders übernehmen. Dann schaden Sie Ihrem Kind mehr als daß Sie ihm nutzen. Es ist oft so, daß eine Person, die dem Kind gefühlsmäßig nicht so nahe steht wie Vater oder Mutter, gelassener und pädagogisch sinnvoller reagieren kann.

Besprechen Sie mit der Lehrerin, ob das Kind nicht verkürzte Diktate schreiben kann, die auch nicht zensiert werden. Wenn es schlecht liest, bitten Sie, daß es nicht laut vorlesen muß. Aber diese Vorschläge wird sie Ihnen hoffentlich schon von sich aus machen.

Versuchen Sie in der Schule durchzusetzen, daß Ihr Kind weiter mit dem Bleistift schreiben darf, wenn die anderen auf den Füller übergehen. Wenn es dann in der anderen Hand den Radiergummi hat und jeden Fehler gleich korrigieren kann, ist das Schriftbild nachher besser als nach Korrekturen mit Tinte.

Verschaffen Sie Ihrem Kind viel Bestätigung für gute Leistungen auf anderen Gebieten, damit es seine Rechtschreibprobleme nicht überbewertet.

Ermutigen Sie Ihr Kind, viel und eifrig zu schreiben, egal, ob es dabei Fehler macht oder nicht. Wenn es einen Text schreiben soll, aber vor lauter Rechtschreibproblemen nicht weiterkommt, lassen Sie sich diktieren, was es schreiben möchte, und schreiben Sie ihm den Text vor. Sie verhindern damit, daß es durch seine Schreibschwierigkeiten auch die Lust am Fabulieren verliert. Kinder, die Angst vor Fehlern haben, schreiben spontan oft nur das, was sie auch bestimmt schreiben können. So reduziert sich mit der Zeit auch ihre Fähigkeit zum schriftlichen Ausdruck.

Haben Sie Geduld! Bei vielen Kindern bessern sich die Fähigkeiten in der 7., 8., 9. Klasse. Sie bemerken dann, daß Ihr Kind neu gelernte schwierige Fachausdrücke richtig schreibt. Aber seine alten „Lieblingsfehler" macht es womöglich weiter. Das ist dann der Zeitpunkt, wo Sie es anregen sollten, auf die Schreibweise besonders zu achten und sich die richtige einzuprägen.

Zensuren und Zeugnisse

Zensuren als einziger Maßstab?

Wenn jemand von seinem Kind sagt, es sei „gut in der Schule", dann meint er damit, daß es gute Zensuren bekommt. Er meint nicht, es sei beliebt bei den Mitschülern, nicht, es bringe mit seiner Lust am Diskutieren manches Mal die Lehrerin aus dem Konzept, nicht, es kriege manchmal Ärger, weil es seine Hausaufgaben schon nebenbei im Unterricht erledige. Das sind zwar alles Anzeichen dafür, daß das Kind sich in der Schule gut entwickelt, aber wir machen oft zum einzigen Maßstab dafür die Zensuren, die es bekommt. Gute Zensuren summieren sich zu guten Zeugnissen, gute Zeugnisse versprechen beruflichen Aufstieg. Also müssen wir alles daransetzen, unseren Kindern von Anfang an zu guten Zensuren zu verhelfen – oder???

Unter Pädagogen sind die Zensuren schon seit Jahrzehnten sehr umstritten.

Zensuren sind nicht objektiv

Denn zunächst einmal sind Schulnoten nicht so objektiv, wie die Eltern vielfach glauben.

Von guten Noten für Mitarbeit oder schlechten für Schwatzen oder Dummheiten wollen wir gar nicht erst reden. Aber auch die gleiche schriftliche Arbeit kann von unterschiedlichen Lehrern ganz unterschiedlich bewertet werden.

Zum Beispiel Aufsätze

In wissenschaftlichen Untersuchungen finden sich zahlreiche Beispiele dafür, daß insbesondere für Niederschriften oder Aufsätze der eine Lehrer eine Eins, ein anderer durchaus auch eine Fünf geben kann. Zu unterschiedlich sind die Maßstäbe, die an so eine Arbeit angelegt werden können. Geht es um eine differenzierte Sprache und gute Ausdrucksfähigkeit, um Fehlerfreiheit? Geht es darum, daß das Geschriebene gut und logisch gegliedert ist? Geht es um das Beschreiben eigener Erfahrungen, um Phantasie und ungewöhnliche Einfälle oder darum, daß das im Unterricht Durchgenommene besonders gut, vollständig und genau wiedergegeben wurde? Welchem dieser Gesichtspunkte gibt die jeweilige Lehrerin den Vorrang?

Wie unterschiedlich das ausfallen kann, beschreibt der Pädagoge Horst Speichert in seinem Buch „Umgang mit der Schule":

„Lesen Sie den folgenden Aufsatz einer vierzehnjährigen Schülerin:

Die Sonne hat den Nebelschleier durchbrochen. Ein neuer Tag beginnt. Es ist ein Sonntag, ein Sonntag im Frühling.

In der Natur ist es noch feierlich still. Doch bald wird diese Stille vom Gesang der Vögel unterbrochen. Die Natur ist er-

wacht. Der Morgen geht vorüber. Der Nachmittag bricht an. Ein Förster unternimmt mit seinem treuen Hund einen Spaziergang. Nur wenn er allein ist, kann er die Schönheit der Natur genießen und sich daran erfreuen. Einige Veilchen sind schon aufgeblüht, die ersten Boten des Frühlings. Das zarte Grün der jetzt erst ausgeschlagenen Bäume bildet einen wunderbaren Gegensatz zu dem strahlend blauen Himmel. An allen Ecken und Enden grünt und blüht es. Der Förster kann sich nicht genug satt sehen. Ihm fällt ein kleines Gedicht ein, das er einmal in der Schule gelernt hat:

‚Frühling läßt sein blaues Band …'

Der Tag geht schon zur Neige. Der Förster kehrt um von seinem Spaziergang.

Er hat diesen Sonntagnachmittag in der freien Natur verbracht, und nur wenige haben wie er den Frühling auch wirklich vernommen.

Von acht Lehrern, denen dieser Aufsatz zur Beurteilung vorgelegt wurde, gaben vier eine ‚Eins' oder ‚Zwei', einer eine ‚Drei' und drei ‚Ausreichend' oder ‚Mangelhaft'.

Die Lehrer wissen von dieser Subjektivität. Aber: sie sind gezwungen, Aufsätze schreiben zu lassen und zu benoten. Die einen tun es mit schlechtem Gewissen, die anderen, indem sie sich ihren Glauben, ‚gerecht' zensieren zu können, mit abfälligen Urteilen über ‚diese Wissenschaftler' bewahren."

Wie hätten Sie zensiert? Und warum?

Zugegeben, bei Aufsätzen, und erst recht in höheren Schulklassen, ist das besonders schwer. Die Unsicherheit gilt aber

Mathematikarbeiten

auch für Mathematikarbeiten, in denen die Beurteilungskriterien eigentlich eindeutiger sein sollten. Der eine bewertet eine Aufgabe als falsch, wenn das Endergebnis falsch ist, und sei es nur durch einen Flüchtigkeitsfehler beim letzten Schritt. Ein anderer wertet eine solche Aufgabe als halb richtig, weil ja alle wesentlichen Schritte richtig waren. Ein dritter wertet sie sogar als richtig, weil er meint, das Entscheidende sei die Denkleistung, nicht das mechanische Rechnen. So werden auch Mathematikaufgaben von unterschiedlichen Lehrern ganz unterschiedlich bewertet.

Vorurteile

Sind die Unterschiede schon groß, wenn unbeteiligte Lehrer die Arbeiten von Schülerinnen und Schülern lesen, die sie gar nicht kennen, wird er noch erheblich größer, wenn man den Lehrern Vorinformationen über die Verfasser der Arbeiten gibt.

Der österreichische Pädagoge Rudolf Weiss hat 1964 zwei Aufsätze und zwei Rechenarbeiten von Schülern aus vierten und fünften Klassen etwa hundert Lehrerinnen und Lehrern mit Kommentaren zur Beurteilung gegeben. Bei den Aufsätzen schrieb er, der eine stamme von einem sprachlich begabten Jun-

gen, dessen Vater Redakteur sei, der andere von einem durchschnittlichen Schüler, der gern Schundhefte lese, dessen Eltern beide berufstätig seien.

Bei den Rechenarbeiten hieß es zur einen, der Junge sei mathematisch begabt und neige zu originellen Lösungen, zur anderen, der Schüler sei durchschnittlich begabt, und die Original-Arbeit sei unsauber in der Form und schlampig geschrieben gewesen.

Aber diese Kommentare wurden wechselnd mal der einen, mal der anderen Arbeit zugeordnet!

Die Unterschiede in der Bewertung, je nach begleitendem Kommentar, waren sehr beeindruckend. In den Aufsätzen wurden nicht nur Stil und Inhalt, sondern auch die Rechtschreibung sehr verschieden zensiert. Mit positivem Vorurteil gaben 16% „sehr gut", keiner „nicht genügend". Mit negativem Vorurteil gab keiner „sehr gut", aber 11% „nicht genügend".

Für die Rechenarbeit der 4. Klasse gaben mit positivem Vorurteil 11% „sehr gut", keiner „nicht genügend". Mit negativem gab keiner „sehr gut", 2% „nicht genügend".

Die Lehrerin einer Schulklasse hat – anders als diese „Testlehrer" – immer positive oder negative Voreinstellungen zu ihren Schülern und Schülerinnen. Sie mag sich noch so sehr bemühen, alle objektiv und gerecht zu beurteilen, es wird ihr nicht gelingen. Eine Untersuchung hat ergeben, daß Lehrer bei Schülern, die sie für „gut" halten, bis zu 50% mehr Fehler übersehen als bei Schülern, die sie für „schlecht" halten.

Als einer meiner Söhne, der sonst mit dem Mundwerk, und auch mit den Zensuren, immer vorneweg war, die Schule mal monatelang vernachlässigte, oft stumm dasaß, weil er nicht auf dem laufenden war, da bedankte sich eine Lehrerin bei ihm, weil er so rücksichtsvoll sei, die anderen auch mal ausgiebiger zu Wort kommen zu lassen. Auf die Idee, daß er nichts wußte, ist sie anscheinend gar nicht gekommen.

Hat eine Lehrerin einen ganzen Packen Arbeiten zu zensieren, spielt es auch eine große Rolle, ob sie eine bestimmte Arbeit als erste, zweite oder fünfundzwanzigste liest, ob als erste passable nach drei völlig mißratenen oder als erste passable nach drei Glanzleistungen. Und auch der Ärger darüber, daß so viele anscheinend noch immer nicht kapiert haben, oder das Bedürfnis nach Rache, weil die Hälfte wieder abgeschrieben hat, wird die Zensierung beeinflussen, ob sie das nun wahrhaben will oder nicht.

Es gibt auch Untersuchungen darüber, daß die gleichen Lehrer die gleichen Arbeiten nach einigen Wochen erheblich anders zensieren.

Normalverteilung

Bekannt ist auch die Tatsache, daß sich der Notenspiegel einer Klasse fast immer an der Normalverteilung orientiert. Kein

Lehrer mag gern nur gute oder nur schlechte Noten geben – die meisten häufen in der Mitte, geben einigen ein Ungenügend und einigen ein Gut oder Sehr gut. Ihr Maßstab wird beeinflußt vom durchschnittlichen Leistungsvermögen der Klasse. Zensuren von Kindern aus verschiedenen Klassen, Schulen, Gegenden sind deshalb nur bedingt vergleichbar.

Und selbst wenn einmal alle Kinder das Lernziel, über das die Arbeit geschrieben wird, erreicht haben, alle darüber Bescheid wissen, wird die Lehrerin die Arbeit wahrscheinlich, ohne es zu bemerken, so einrichten, daß sie trotzdem einige Arbeiten als sehr gut und einige als mangelhaft bewerten kann. Das Notensystem mit seinen Ziffern von 1 bis 6 legt das einfach nahe.

Zensierungsgewohnheiten

Um das Maß der Unwägbarkeiten voll zu machen, gibt es auch noch persönliche Varianten in der Ausnutzung dieser Skala. Da gibt es die Forschen mit dem „Sehr gut ist bei mir keiner außer mir" und die Gutmütigen, die auf das Motivierende guter Zensuren setzen.

Mögen diese „Trends" auch manchmal in unterschiedliche Richtungen gehen, sie beweisen jedenfalls alle, daß Zensuren nicht objektiv sind, nicht objektiv sein können.

Verstehen Sie auf diesem Hintergrund, wie widersinnig es ist, wenn an manchen Schulen im Kampf um Noten und Punkte die Zensuren bis auf Stellen hinter dem Komma ausgerechnet werden?

Zensuren sind schädlich

Aber die wichtigsten Argumente gegen Zensuren sind das alles noch nicht. Entscheidend finde ich, daß Zensuren pädagogisch erheblichen Schaden anrichten können. Sie bekräftigen unerwünschtes Verhalten, sie verderben, zumindest wenn sie schlecht sind, die Lust am Lernen.

Konkurrenz

Mit der Zensierung ziehen Wettbewerbsdenken und Konkurrenzangst in die Schule ein. Dem Schwächeren helfen? Den Banknachbarn abschreiben lassen? Dem, der gefehlt hat, das Heft borgen? Damit verscherzt man sich ja die Chance, besser zu sein als er. Mit mehreren anderen zusammenarbeiten? Wie soll dann festgestellt werden, wer seine Sache am besten gemacht hat? Viele Kinder interessiert nach einer Arbeit weniger, welche Fehler sie gemacht haben, sondern fast nur noch, ob sie mehr oder weniger Fehler gemacht haben als die anderen.

Selbst soziale Beziehungen werden von diesen Bewertungen abhängig. Mit einem, der „doof" ist, der immer schlechte Zensuren bekommt, gibt man sich nicht ab; auf die Nachbarin, die oft etwas bessere Zensuren kriegt, wird man quälend eifersüchtig. Der Teamgeist bleibt oft auf der Strecke, wenn Kinder immer wieder in eine Rangreihe einsortiert werden.

Gewöhnen an den „Ernst des Lebens"?

Eltern argumentieren oft, Konkurrenz sei nun einmal ein Grundmerkmal unserer Gesellschaft, auch wenn es uns vielfach als wenig wünschenswert erscheine. Und Schulkinder müßten sich halt daran gewöhnen.

Aber erstens leuchtet mir das in seiner Logik nicht ein. Wenn ich ein junges Bäumchen aufziehen will und ich weiß, daß es später mit recht kargem Boden wird vorliebnehmen müssen, dann setze ich es auch nicht sofort in den Sand, damit es sich daran gewöhnt. Wahrscheinlich pflanze ich es für einige Jahre in einen guten Boden, damit es kräftig und widerstandsfähig wird. Und erst dann setze ich es den harten Bedingungen aus.

Ich behaupte:

Auch unsere Kinder sind der oft harten Konkurrenz unter Erwachsenen besser gewachsen, wenn sie in einem konkurrenzarmen Milieu ihr Selbstbewußtsein und ihr Leistungsvermögen so gut wie möglich entwickeln konnten.

Zweitens ist das mit der Konkurrenzgesellschaft auch nur die halbe Wahrheit. Zwei Eigenschaften werden für die Bewährung im Beruf immer wichtiger: das sind die Fähigkeiten zur Zusammenarbeit und zum effektvollen Austausch von Kenntnissen und Informationen. Lesen Sie einmal aufmerksam Stellenanzeigen: „teamfähig“ und „kooperativ“ wünscht man sich die Bewerber, „kommunikationsfreudig“ und „kreativ“. Glauben Sie, daß man diese Eigenschaften beim Kampf um gute Zensuren erwirbt?

Das ständige Gefühl, in seinen Leistungen mit anderen im Wettbewerb zu stehen, vermindert die Leistungsfähigkeit – das haben Experimente ergeben. Der starke Wunsch, zu gewinnen, ist dafür ebenso verantwortlich wie die Angst vor dem Verlieren. Die gleiche Situation, die gleichen Aufgaben werden ohne Wettbewerbsdruck besser bewältigt. Die Leistungen sind höher. (Lesen Sie dazu auch „Angst macht dumm“ im Kapitel „Allerlei Lernhindernisse“.)

Falsche Einstellung zum Lernen

Zensuren in der Schule bekräftigen auch Verhaltensweisen, die für das weitere Lernen, für die spätere Berufsbewährung und auch für die Ausprägung des Charakters negativ sind.

Das kleine Kind lernt aus Spaß an der Sache. Es probiert und probiert so lange, bis es Erfolg hat. Und die Freude über den Erfolg läßt es immer weiter üben, bis es das Aufziehen der Spieluhr oder die Aussprache eines neuen Wortes richtig beherrscht. Dann macht es sich an die nächstschwierigere Aufgabe.

Wenn das doch so bliebe!

Noch das Kind in der ersten Klasse ist ganz wild darauf, schreiben zu lernen. Und wenn wir seine ersten abgemalten Buchstaben richtig lesen können, ist ihm das Ansporn genug, weiterzumachen.

Aber irgendwann glauben wir dann, ihm eine zusätzliche Belohnung dafür schuldig zu sein. Die Lehrerin malt ein Blümchen oder ein „Lachmännchen“ unter seine Schreibversuche oder auch ein „Weinmännchen", wenn sie nicht zufrieden ist. Das Kind lernt nach und nach, daß es nicht gut schreibt, um gut schreiben zu können, um dann die Freude über einen selbstgeschriebenen und richtig verstandenen Text genießen zu können, sondern um unter sein Geschriebenes ein Lachmännchen oder später eine Eins oder Zwei zu bekommen. (Auf diese „verkappten" Zensuren komme ich später noch einmal zurück.)

Wenn die Lehrerin dann freistellt, eine Zusatzaufgabe zu Hause zu machen, interessiert die Kinder in erster Linie die Frage: „Kriegen wir dafür eine gute Zensur?"

Krumme Wege zu guten Noten

Die Kinder gewöhnen sich auch ab, nach Zusammenhängen zu fragen, die sie noch nicht begreifen, oder Widerspruch anzumelden, wenn sie etwas nicht einsehen. Denn wer zugibt, etwas nicht verstanden zu haben, gibt zu, noch nicht gut genug zu sein. Lieber wetteifern die Ehrgeizigen darin, das zu wiederholen, was die Lehrerin ihnen beizubringen versucht. Sie wagen keine Eigenwilligkeiten im Denken, sondern bewegen sich brav in den Bahnen des Vorgedachten. Denn das bringt bessere Noten.

Wie war das mit den Stellenanzeigen? Kreativ sollen die Bewerber sein!

In der Oberschule wählt man dann als Wahlfach nicht etwa eines, von dem man noch zu wenig weiß oder das einen besonders interessiert, sondern man wählt das Fach und den Lehrer, bei dem man mit größter Wahrscheinlichkeit und geringstem Einsatz die höchstmögliche Punktzahl, die beste Zensur erwarten kann. Auf diese Weise erziehen wir ganze Schülergenerationen zu „geistigen Dünnbrettbohrern".

Und manchmal kommt man eben auch eher zum Ziel, wenn man in jeder Pause die Tafel wischt, der Lehrerin die Hefte ins Lehrerzimmer trägt oder sich deutlich von den Dummheiten der anderen distanziert – hat da jemand „Streber!" gesagt?

Im Kampf um Zensuren sind unter Schülern auch unlautere Methoden üblich – und wenn man den Druck berücksichtigt, unter dem sie oft stehen, kann man es ihnen nicht übelnehmen. Es wird gekatzbuckelt und nach dem Munde geredet, es wird geschummelt, gelogen und abgeschrieben. So lange es Noten gibt und Strafen für schlechte Noten, läßt sich das nicht ändern.

Ermutigung und Entmutigung

Die Orientierung am Durchschnitt verpflichtet Lehrer auch manchmal zu Beurteilungen, die sie pädagogisch eigentlich nicht vertreten können.

Da ist eine Siebenjährige ihren Klassenkameradinnen im Lesen und Schreiben weit voraus. Sie übt nie, macht selten Hausaufgaben. Aber was sie nachlässig aus dem Ärmel schüttelt, ist immer noch besser als das, was einige andere mit viel Mühe zuwege bringen. Wenn sie überhaupt Zensuren geben muß, muß ihr die Lehrerin eine Eins geben – eine Eins für Nachlässigkeit und mangelnde Anstrengungsbereitschaft. Irgendwann, wenn der Stoff schwerer wird, wird sie mit dieser Arbeitshaltung auf die Nase fallen.

Gäbe die Lehrerin diesem Kind doppelt so schwere Aufgaben, an denen es sich mit Lust die Zähne ausbeißen könnte, an denen es das Gefühl bekäme, daß man sich für eine gute Leistung ganz schön anstrengen muß, würden wahrscheinlich die Eltern protestieren: „Wie kommen Sie dazu, unsere Tochter strenger zu zensieren als die anderen?“

Umgekehrt kann die Lehrerin dem Nachzügler, der statt 30 nur noch 15 Fehler im Diktat gemacht hat, die Mühe, die er sich dafür geben mußte, nicht honorieren, denn 15 Fehler sind noch genauso ungenügend wie 30. Dieser Junge muß lange warten, bis er für seine Anstrengung auch belohnt wird. Bis dahin hat er sicher längst den Mut verloren und sich damit abgefunden, der Schlechteste zu sein.

Durch unser Zensurensystem werden die guten Schüler ermutigt, weil sie meistens gute Noten bekommen. Die schlechten Schüler aber werden entmutigt, weil sie fast nie gute Noten erhalten. Dadurch wird der Unterschied zwischen Guten und Schlechten immer größer. Weil das Notensystem aber am Durchschnitt orientiert ist, weil kein Lehrer nur gute Noten gibt, ist ein Teil der Schüler immer dazu verurteilt, entmutigt zu werden, nicht das zu erreichen, was sie erreichen könnten, wenn sie mit ihren Bemühungen auch mal Erfolg hätten. Kinder sind fast nie zu dumm oder zu faul für die Schule, sie werden erst so, wenn man sie immer wieder entmutigt.

Die einzig mögliche Schlußfolgerung daraus ist:

Kinder können ohne Noten besser lernen.

Brauchen Eltern Zensuren?

Aber, so argumentieren viele Eltern, wie sollen wir wissen, wo unser Kind Stärken und Schwächen hat, wo es noch Hilfe braucht, wenn es keine Zensuren bekommt?

Ich behaupte: Das wissen sie mit Zensuren auch nur unzureichend. Ich will dazu noch einmal Horst Speichert zitieren:

„Die Zensur sagt praktisch nur, wie ein bestimmter Schüler im Vergleich zu den anderen Schülern seiner Klasse in einer bestimmten Situation abgeschnitten hat.

Was wir mit ihr anfangen können, sehen wir, wenn wir darangehen wollen, dem Kind zu helfen. An die Feststellung ‚Du hast also eine Fünf‘ schließt sich automatisch die Frage an: ‚Was hast du denn nicht gekonnt?‘ – Und das ist dann meist eine schwierige Analyse, die einige Arbeit macht.

Es ist so, wie wenn Sie Ihren Wagen in die Werkstatt zur Diagnose bringen und die Mitteilung erhalten: ‚Der Zustand des Autos ist mangelhaft‘ und selber rausknobeln können, was alles nicht in Ordnung ist.“

Aber was machen wir nun? Die Zensuren abschaffen?
Und was dann? Erfahren wir dann nicht mal mehr, daß der Zustand unseres Autos – der Leistungsstand unseres Kindes – mangelhaft ist?

Es geht auch ohne Zensuren

In der Schule ohne Zensuren auszukommen, ist ja keine Utopie. In anderen Ländern hat sich das längst bewährt. Dänemark, Italien und Norwegen zum Beispiel kommen bis zum 8. Schuljahr ohne Noten aus, Großbritannien bis zum 6. Schuljahr. In Deutschland sind wir da noch ziemlich zurück, besonders in den östlichen Bundesländern. In den westlichen gibt es seit Jahren in der ersten Klasse keine Noten mehr, in einigen auch in der zweiten, in Berlin und Hamburg auf Elternantrag auch in der dritten und vierten Klasse. Es wird in dieser Richtung weitergehen – hoffentlich ein bißchen schneller, wenn auch Sie sich dafür einsetzen.

Nun heißt das freilich nicht, daß Lehrer auf die Beurteilung kindlicher Schulleistungen ganz verzichten. Denn ihre Lernerfolge sind den Kindern selbst doch nicht so leicht einsichtig wie den Zweijährigen die Fähigkeit, allein Türen aufzumachen. Sie brauchen den Ansporn durch einen Helfer, der ihnen sagt, welche ihrer Bemühungen Erfolg haben, wie sie Schwierigkeiten am besten beheben können. Zensuren können das nicht leisten, das habe ich zu beweisen versucht. Eine Zensur unter einer Arbeit sagt noch nichts über die Art der Mängel oder Fehler, gibt auch keinen Hinweis darauf, was das Kind tun kann, um sie in Zukunft zu vermeiden.

Nehmen wir aber an, Sie finden unter dem Diktat Ihrer rechtschreibschwachen Tochter statt der üblichen Fünf folgenden Text:

Beschreiben statt zensieren

Liebe Katrin, du hast in diesem Diktat schon viel mehr Wörter richtig geschrieben als im vorigen. Aber du hast noch immer besondere Probleme mit der Groß- und Kleinschreibung. Lies dir doch die Regeln auf unserem Arbeitsbogen noch einmal durch. Wir reden dann in der Förderstunde darüber.“

Dieser Text hat der Note gegenüber mehrere Vorteile: Er ermutigt, denn er zeigt, daß es besser wird. Er beschreibt genau, wo eine Schwierigkeit liegt, er zeigt einen Weg, sie zu beheben.

Wenn Katrin diese Gelegenheit nutzt, werden ihre Leistungen schnell besser werden. Daß sie zur Zeit noch immer weit unter dem Durchschnitt liegt, ist dagegen eine entmutigende und pädagogisch völlig unerhebliche Information. Sie trägt nur dazu bei, Katrin in ihren Leistungsmöglichkeiten zu hemmen, weil sie aus lauter Angst vor Fehlern und der darauffolgenden Fünf sonst völlig blockiert ist.

Was für einzelne Arbeiten gilt, das gilt ebenso fürs Zeugnis. Ein Zeugnis mit einem ausführlichen Text gibt auch den Eltern

wesentlich mehr Hinweise als eine nackte Ziffer. Wenn da allerdings steht: „Annas Leistungen im Lesen waren durchschnittlich, im Rechnen gut. Beim Schreiben hat sie noch Schwierigkeiten", dann kann die Lehrerin auch gleich hinschreiben: Lesen 3, Rechnen 2, Schreiben 4.

Das gleiche gilt übrigens auch für die Blümchen, die Lach oder Weinmännchen, oder was findigen Lehrerinnen sonst noch alles einfällt, wenn sie in der ersten Klasse noch keine Noten geben sollen. Sie sind nichts anderes als übersetzte Zensuren und deshalb keinen Deut besser. Die Kinder haben den „Umrechnungskurs" auch ganz schnell im Kopf.

Besteht die verbale Beurteilung auf einem Zeugnis nur aus in Worte übersetzten Noten, dann müssen Sie genauer nachfragen: Wo genau liegen noch Schwierigkeiten?

Was kann unser Kind tun, um diese Schwierigkeiten zu überwinden? Wie können wir ihm dabei helfen?

Auch Lehrer müssen oft erst lernen, sich von den bequemen Ziffern zu lösen. Eine gute verbale Beurteilung zu schreiben ist wesentlich schwieriger.

Nicht jedes am Durchschnitt messen

Wo es keine Zensuren mehr gibt, gibt es auch keinen „Notenspiegel“, bekommen die Kinder keine Information mehr darüber, ob sie nun weiter oben oder weiter unten in der Rangreihe stehen. Aber wer sagt eigentlich, daß ich jedes Kind immer nur am Durchschnitt messen muß? Warum kann ich die Leistung dessen, der seine Fehlerzahl halbiert hat, nicht höher bewerten als die, die ohne Anstrengung aus dem Ärmel geschüttelt wurde? Der schlechte Schüler, der sich so sehr anstrengen muß, um besser zu werden, braucht mehr Bestätigung als ein guter.

In Dänemark gibt es, wie gesagt, bis zum 8. Schuljahr überhaupt keine Zensuren. Dänische Lehrer berichten manchmal vor deutschen Eltern und Pädagogen über ihre Erfahrungen. Bei einer solchen Gelegenheit habe ich einmal einen Lehrer gefragt: „Wollen die Eltern Ihrer Schüler denn nicht von Ihnen wissen, wo ihr Kind leistungsmäßig im Vergleich zu den anderen steht?“ Er hat mich recht erstaunt angesehen und geantwortet: „Nein, so etwas hat mich noch niemand gefragt.“

Am eigenen Fortschritt messen

Es ist jedenfalls viel gerechter und sinnvoller, jedes Kind nur an seinem eigenen Leistungsfortschritt zu messen und zu bewerten. Die Lehrerin hat dann auch die Freiheit, die Aufgaben für jedes Kind gerade so schwierig zu gestalten, daß es sich mit Eifer an die Arbeit macht, ohne entmutigt zu werden. Niemand zwingt sie dann, allen Kindern genau die gleichen Aufgaben zu geben, damit ihre Leistungen auch ja vergleichbar sind. Sie kann jedem Kind genau den Weg zeigen, auf dem es sein Bestes erreichen, seine Schwierigkeiten überwinden kann, ohne Angst vor der Konkurrenz der Besseren oder vor schlechten Zensuren. Das kommt allen Kindern zugute.

Als vor Jahren die ersten Integrationsklassen eingerichtet wurden, in denen Kinder mit und ohne Behinderungen gemeinsam unterrichtet wurden, da mußte man dort auf die übliche Benotung verzichten, denn man kann eben ein behindertes Kind nicht mit dem gleichen Maß messen wie ein nichtbehindertes.

Diese Klassen galten zunächst nur als der bessere Weg, behinderte Kinder optimal zu fördern. Als man aber zum Beispiel die Erfahrungen an der Fläming-Grundschule in Berlin wissenschaftlich auswertete, stellte man fest, daß auch die Kinder ohne Behinderungen in diesen Klassen angstfreier und effektiver lernten als in Parallelklassen ohne Integration. Der Vorteil war so sinnfällig, daß auch die zunächst zweifelnden Eltern zu eifrigen Verfechtern dieser Unterrichtsform wurden. (Lesen Sie dazu auch das Kapitel: „Eine Schule für alle Kinder“.)

Die Zensuren und der Haussegen

Einen Schluß sollten Sie jedenfalls aus dem bisher Gesagten ziehen: daß Sie den Zensuren, die Ihr Kind wahrscheinlich noch einige Jahre lang aus der Schule nach Hause bringen wird, nicht das große Gewicht beimessen dürfen, das sie für viele leider noch haben.

In vielen Familien steht und fällt das Familienklima mit den Zensuren, die die Kinder bekommen. „Gute“ Schüler und Schülerinnen sind der Stolz ihrer Eltern, für „schlechte“ schämen sie sich vor den Nachbarn. Bringt ein Kind eine schlechte Zensur, ein schlechtes Zeugnis nach Hause, hängt der Haussegen schief, gibt es Vorwürfe und Strafen oder Ratlosigkeit und Tränen. Kinder müssen den Eindruck haben, daß sie nur geliebt werden, wenn sie gute Zensuren haben, daß sie schlecht sind, ihren Eltern Kummer machen, wenn sie schlechte Noten bekommen. Diese Belastung kommt zu der, die die schlechte Zensur an sich schon bedeutet, noch hinzu. An Zeugnistagen gibt es in vielen Städten inzwischen Sorgentelefone für Kinder, die sich mit ihrem Zeugnis nicht nach Hause trauen. Die Zahl der Schülerselbstmorde nimmt zu.

Erzeugt wird dieser Druck durch das Zensurensystem in der Schule. Aber wie ein Kind damit zurechtkommt, ob es Mißerfolge verwinden kann oder darüber verzweifelt, ob es gelassen an Arbeiten herangeht oder vor Angst keinen klaren Gedanken fassen kann, das entscheiden auch Sie, die Eltern, durch die Art, wie Sie mit den Zensuren umgehen, die Ihr Kind in der Schule bekommt.

Kinder brauchen Sicherheit

Jedes Kind, besonders aber das Kind, das in der Schule Schwierigkeiten hat, braucht den sicheren Rückhalt in der Familie. Es braucht eine Stelle, wo es Mitgefühl und Trost erfährt, wenn mal wieder etwas danebengegangen ist. Wo es auch seinen Ärger loswerden kann, wenn es sich ungerecht bewertet fühlt. Aber wie fühlt sich wohl ein Kind, das zu dem Ärger über den Mißerfolg noch Vorwürfe oder Strafen dazubekommt?

Graben Sie doch bitte mal ganz tief in Ihren Erinnerungen – ist nichts davon aus der eigenen Kindheit mehr da? Hatten Sie sich nicht vielleicht damals vorgenommen, das bei Ihren eigenen Kindern ganz anders zu machen?

Das dicke Fell täuscht!

Manch ein Vater mag mir allerdings antworten wollen: „Wenn mein Sohn mal bekümmert wäre. Der hat ein so dickes Fell, dem ist das alles völlig egal. Wenn ich dem nicht zu Hause Dampf mache, strengt der sich überhaupt nicht an!“

Da täuschen Sie sich aber gewaltig! Kein Kind auf der Welt bekommt freiwillig und gern schlechte Zensuren. Jedes beginnt mit viel Eifer und gutem Willen, manches nicht mit dem entsprechenden Erfolg. Aber was soll es denn tun, wenn es den Mißerfolgen und Vorwürfen nicht gewachsen ist? Es läßt sich ein dickes Fell wachsen und tut so, als ginge es das Ganze nichts an. Wie sehr aber ein Kind unter schlechten Zensuren gelitten hat, merken manche Eltern erst, wenn es mal eine bessere bekommt.

Mütter und Väter

Mütter durchschauen dieses Selbstschutzsystem oft leichter als Väter. Sie haben meist ein besseres Gespür für die Not, die hinter dickfelligem oder aggressivem Gebaren stecken kann. Sie wissen auch, daß Schelten und Strafen die Abwehr nur noch verstärken. Deshalb gehen Mütter mit solchen Problemen oft anders um als Väter. Aber dann gibt es leicht Streit zwischen den Eltern, weil Vater auf Strafen setzt und Mutter auf Verständnis.

Oder Mütter führen widerstrebend und ohne Überzeugung aus, was Väter angeordnet haben – Stubenarrest, Fahrrad wegschließen, keine Spielfreunde mehr mitbringen. Aber auf diese Weise gefährden sie die Beziehung zu ihrem Kind, das sich von der Mutter verraten fühlt, weil die vor dem Vater kuscht. So sitzen Mütter denn leicht zwischen sämtlichen Stühlen, ernten Vorwürfe von beiden Seiten. (Lesen Sie dazu auch das Kapitel „Mütter als Hilfslehrerinnen“.)

Allerdings haben auch viele Mütter schwer erträgliche Methoden, mit denen sie glauben, ihre Kinder zu besseren Leistungen bringen zu können: Sie zeigen dem Kind, daß sie traurig oder verzweifelt sind, seufzen tief, bekommen Migräne oder weinen gar ein bißchen. Eine infame Methode! Da kann manches Kind sogar mit Vaters Stubenarrest besser umgehen. Gegen eine Strafe kann man wütend oder bockig werden, oder sie vielleicht gar pfiffig umgehen. Aber die seufzende Mutter verursacht mit ziemlicher Sicherheit ein schlechtes Gewissen. Nur verhilft das noch lange nicht zu besseren Leistungen.

Das Kind kommt sich schlecht vor, weil es der Mutter Kummer macht. Das behindert sein Leistungsvermögen. Zu guten Leistungen braucht man Optimismus und ein gesundes Selbstvertrauen. Ein Kind, das sich als Sargnagel seiner Eltern fühlen muß, kann kein gesundes Selbstvertrauen haben. Beides gewinnt man nur, wenn man sich der Zuneigung der Eltern sicher sein kann, mit guten wie mit schlechten Zensuren.

Was haben denn – verflixt noch mal – diese so wenig objektiven und pädagogisch so fragwürdigen Zensuren damit zu tun, wie lieb Sie Ihr Kind haben?

Was kann man tun?

Allerdings muß ich der Ehrlichkeit halber zugeben: Wenn ein Kind immer wieder mit Mißerfolgen aus der Schule kommt, sei es nun mit schlechten Zensuren oder mit einer verbalen Beurteilung, in der steht, daß es die Leistungsziele der Klasse leider in mehreren Fächern nicht erreichen konnte, dann ist das ein Grund zur Besorgnis, dann sind auch Eltern traurig, ratlos, wütend. Was können Sie in einer solchen Situation tun?

Kein Grund, sich zu schämen

Machen Sie sich als erstes klar, daß schlechte Schulleistungen kein Grund sind, sich zu schämen – nicht für die Kinder, erst recht nicht für die Eltern. Eltern, deren Kinder gute Zensuren bekommen, sind keineswegs besser, sie haben es nur leichter.

Kritisch nachfragen

Übernehmen Sie die Beurteilungen der Schule nicht unkritisch und ungeprüft. Hören Sie sich auch an, was Ihr Kind dazu zu sagen hat. Denn Ihr Kind hat die schlechte Zensur bekommen, nicht Sie.

Die erste wichtige Frage ist also, ob Ihr Kind mit seiner Note zufrieden ist, ob es sich gerecht oder ungerecht beurteilt fühlt. Wenn Ihr Kind daran gewöhnt ist, daß Sie so sachlich reagieren, hat es auch nicht nötig, sich mit Ungerechtigkeit der Lehrerin herauszureden, damit sich selbst und Sie zu bemogeln. Fragen Sie es, ob und wie Sie ihm helfen können.

Eigene Erwartungen prüfen

Überprüfen Sie Ihre eigenen Erwartungen an das Kind: Entsprechen sie dem, was das Kind zur Zeit wirklich leisten kann, oder eher dem, was Sie gern erreichen möchten? Sind Sie zu oft unzufrieden? Halten Sie gute Zensuren für selbstverständlich, reagieren aber allergisch auf jede schlechte? Bekommt Ihr Kind genug Ermutigung beim Lernen?

Mit der Lehrerin sprechen

Suchen Sie, wenn das Problem schwerwiegend ist, das Gespräch mit der Lehrerin. Verstehen Sie sich dabei als Anwältin Ihre Kindes. Das heißt natürlich nicht, daß Sie nicht auch die Argumente der Lehrerin unvoreingenommen prüfen. Aber im Notfall müssen Sie Ihr Kind auch gegen die Schule in Schutz nehmen – gegen zu hohe Anforderungen ebenso wie gegen Ungerechtigkeit. (Lesen Sie mehr dazu auch im Kapitel: „Umgang mit Lehrern und Lehrerinnen“.)

Helfen statt strafen

Die Schwierigkeiten in der Schule haben mit Ihrem Verhältnis zu Ihrem Kind nichts zu tun. Sie dürfen es nicht strafen, denn

es hat Ihnen nichts getan. Gestraft ist es durch den Mißerfolg schon genug. Es hat Trost und Aufmunterung nötiger. Der Leistungsdruck in der Schule ist für viele Kinder sehr belastend. Sie brauchen dringend als Ausgleich eine gelassene, gleichmäßig freundliche Atmosphäre zu Hause.

Strafen nutzen nichts

Strafen sind sowieso ein ungeeignetes Mittel, um bessere Leistungen zu erreichen. Strafen machen ängstlich und verzagt oder bockig und lenken vom eigentlichen Problem ab. Sie wekken selten Einsicht und zeigen auch nicht den Weg, auf dem man seine Leistungen verbessern kann.

Nicht zu viel loben

Überschwengliches Lob für gute Zensuren ist ebenso unangebracht wie Vorwürfe und Tadel für schlechte. Wenn eine Eins zu Hause Begeisterung auslöst, steigt leicht die Angst vor der Enttäuschung, falls die nächste Zensur schlechter ist. Wenn ein Kind aber in der nächsten Arbeit unbedingt wieder eine Eins bekommen will, ist schon das oft Ursache dafür, daß es nicht sein Bestes erreichen kann. Untersuchungen haben ergeben, daß lockere Gelassenheit in Prüfungssituationen meistens zu besseren Leistungen führt als verkrampfte Entschlossenheit. (Mehr darüber finden Sie im Kapitel: „Allerlei Lernhindernisse".)

Kein Geld für gute Zensuren

Auch Geld für gute Zensuren ist eine ganz und gar verfehlte Maßnahme. Wenn schon die Zensuren pädagogisch fragwürdig sind, weil die Kinder dann nicht mehr aus Freude und Interesse, sondern nur noch für die Note lernen, dann ist das Bezahlen guter Noten noch einen Zahn schlimmer. Dann lernen die Kinder nur noch, damit am Zeugnistag die Kasse stimmt. Schade um den Spaß am Lernen!

Glauben Sie mir nicht? Denken Sie immer noch, wo doch gute Zeugnisse heute so wichtig sind, bleibt Ihnen nichts anderes übrig, als Druck auf Ihre Kinder auszuüben, damit sie gute Zeugnisse bekommen?

Dann will ich mir noch einmal mit einem Zitat Unterstützung bei Horst Speichert holen:

Leistungsdruck behindert Leistung

„Eltern haben dann eine relativ gute Chance, daß ihre Wünsche im Hinblick auf den Schulerfolg ihrer Kinder in Erfüllung gehen, wenn sie keinen allzu großen Druck auf ihre Sprößlinge ausüben und bei Schwierigkeiten nicht gleich in Panik geraten.

Eltern haben eine geringe Chance zu erreichen, daß ihre Kinder in der Schule wirklich erfolgreich sind, wenn sie den Schulerfolg um jeden Preis wollen, also selbst übermotiviert sind, und deshalb auf ihre Kinder einen unmäßigen Druck ausüben und sie somit unter Dauerstreß setzen.

Leistungsdruck macht krank

Solche Eltern stehen dagegen in der akuten Gefahr, die Leistungsfähigkeit ihrer Kinder zu zerstören, sie zu neurotisieren und für die Psychiatrie vorzubereiten.

Es soll nicht in Abrede gestellt werden, daß auch großer Druck in Einzelfällen zum gewünschten Ergebnis führt. Allerdings sind die Fälle nicht sehr zahlreich, und außerdem sind solche Erfolge nicht selten mit starken psychischen Deformationen erkauft, die den erfolgreichen Manager oder Professor auf die Couch eines Psychoanalytikers bringen. In den allermeisten Fällen aber kommt es gar nicht erst soweit: der hohe Leistungsdruck zerstört die Leistungsfähigkeit der Kinder, und die Eltern müssen enttäuscht und verbittert erleben, daß ihre Wünsche nicht in Erfüllung gehen.“

Gute Noten sind nicht alles

Kommen wir deshalb auf die Ausgangsfrage am Beginn dieses Kapitels zurück und fassen wir zusammen:

Wenn wir sagen, wir wünschen uns, daß ein Kind in der Schule sein Bestes erreicht, dann dürfen wir damit nicht meinen: Es soll immer gute Zensuren nach Hause bringen und möglichst Klassenbestes werden. Denn gute Zensuren sind nicht das Maß aller Dinge. Viele Kinder bezahlen das ständige Bemühen um gute Noten damit, als „Streber“ verschrien zu sein und sind dabei keineswegs glücklich. Die guten Noten nutzen ihnen später wenig, wenn sie nicht auch noch Entscheidenderes lernen: Viel wichtiger ist, daß sie in der Schule die Überzeugung gewinnen, daß Lernen Spaß macht, daß sie die Fähigkeit erwerben, selbständig zu denken und eigene Ideen zielstrebig zu verfolgen.

Die besten Noten haben oft die, die es verstehen, genau in den Bahnen mitzudenken, die die Lehrer vorgeben. Eigenwillige Gedanken und Lösungen werden in der Schule nicht immer honoriert. Aber für den Erfolg im Beruf können sie recht entscheidend sein.

Vielleicht fällt Ihr Kind in der Schule dadurch auf, daß es sich oft brennend für Dinge interessiert, die gerade nicht Unterrichtsstoff sind. Aber daß es die Fähigkeit hat, zielstrebig, auch gegen Trends und Widerstände, bei einer Sache zu bleiben, ist bestimmt wichtiger, als daß es immer gute Noten bekommt.

Das selbstbewußte Vertreten eigener Meinungen führt nicht immer zum Erfolg – weder in der Schule noch im späteren Leben. Trotzdem brauchen wir Menschen mit Zivilcourage und aufrechtem Gang.

Dies alles zu fördern, selbst wenn es sich nicht in guten Schulnoten auszahlt oder ihnen gar hinderlich ist, ist wichtiger als gute Zeugnisse in der Schule.

Außenseiter, Streber, Sündenböcke

Viele Eltern denken beim Stichwort „Schule“ zunächst nur an Lesen lernen, später an Englisch und Chemie – an gute und schlechte Zensuren, vielleicht noch an Strafen wegen Unaufmerksamkeit. Also sie denken an das, was an Lernstoff so verlustarm wie möglich von den Lehrern an die Kinder vermittelt werden und dort möglichst in guten Zensuren nachweisbar sein soll. Das Drumherum, Freund- und Feindschaften, Dummheiten, Kümmernisse, interessiert nur so weit, wie es diesen Wissensvermittlungsprozeß fördert oder stört.

Aber diese Sicht der Dinge ist zu eng.

Schule ist mehr als lesen lernen

Schule ist für Ihr Kind auch eine Lebenswelt, in der es zehn Jahre lang einen erheblichen Teil fast jeden Tages verbringen wird. Wie es ihm in diesen Jahren ergehen wird, ob es zufrieden oder unzufrieden, glücklich oder unglücklich, optimistisch, fröhlich oder verzagt ist, hängt wesentlich von dem ab, was dort in der Schule geschieht – in den Pausen mindestens genau so wie im Unterricht.

Ihr Kind wird in dieser Zeit Verhaltensweisen und Grundhaltungen entwickeln, die auch sein späteres Verhalten als Erwachsene oder Erwachsener beeinflussen – es wird zum Beispiel seinen persönlichen Weg suchen, bei seinen Schulkameraden gut angesehen zu sein – wird versuchen, sich durch Charme, durch Clownerien, durch körperliche Überlegenheit oder durch besonderen Fleiß Anerkennung zu verschaffen. Es wird Freundschaft und Feindschaft, Solidarität und Gehässigkeit, Egoismus und Hilfsbereitschaft kennenlernen und daraus für sein späteres Sozialverhalten Schlüsse ziehen.

Ob ein Mensch verträglich oder feindselig wird, rücksichtslos oder rücksichtsvoll, tolerant oder vorurteilsvoll mit anderen umgeht, das ist für seine Umwelt, für uns alle, im Grunde wichtiger, als daß er mal ein guter Schlosser, eine gute Bankangestellte oder Wissenschaftlerin wird.

Deshalb ist soziales Lernen in der Schule nicht nur Rahmenbedingung, sondern selbst ein ganz wesentliches Unterrichtsziel. Lehrer sollen eben nicht nur geistig gebildete Menschen erziehen, sondern auch Mitmenschen. Die vielen sozialen Beziehungen, die sich im täglichen Umgang miteinander ein Schülerleben lang ergeben, sind dafür ein ständiges Übungsfeld.

Darüber hinaus beeinflußt die Art des sozialen Verhaltens und der sozialen Beziehungen eines Kindes auch sein Lern- und späteres Arbeitsverhalten erheblich.

Was erlebt Ihr Kind in der Schule?

Welche Erfahrungen macht es?

Welchen Einfluß kann das haben auf sein weiteres Leben?

Soziale Beziehungen in der Klasse

Ein Kind, das in die Schule kommt, kommt in erster Linie in eine Schulklasse. Die besteht aus rund 25 Kindern, die nicht miteinander lernen könnten, wenn sie nicht inoffizielle Regeln des Umgangs miteinander aushandeln und ausprobieren würden. Nach und nach findet darin jedes Kind einen einigermaßen sicheren Platz, ist befreundet mit dem und jenem, mag einige andere überhaupt nicht. Es bilden sich Gruppen und Cliquen, die dauerhaft bestehen oder auch immer mal wieder wechseln.

Dieses Aushandeln gelingt nicht ohne Konflikte. Wenn zwei in einer Gruppe immer „Bestimmer" sein wollen, geraten sie aneinander; wenn eines sich ein anderes aussucht, um es zu schikanieren, muß sich das verteidigen oder von anderen verteidigt werden. So bildet sich ein Geflecht sozialer Beziehungen, in das jedes Kind auf spezifische Weise eingebunden ist, von dem es sich gehalten und getragen fühlt. Ohne dieses Eingebundensein wird es unglücklich und verzagt, kann es auch seine Fähigkeiten nicht entfalten.

So sein wie die anderen

Kinder sind noch viel stärker als wir Erwachsenen auf die Anerkennung unter ihresgleichen angewiesen. Denn sie haben noch kein so sicheres Bewußtsein von sich und ihrem Wert wie vielleicht wir. Sie trauen sich zu, was andere ihnen zutrauen, sehen sich selbst bewundernswert oder mies, wenn sie bewundert oder abgelehnt werden. So zu sein wie die anderen, möglichst nicht aus dem Rahmen zu fallen, ist für sie sehr wichtig. Für Mitglieder einer Clique gibt es oft nichts Schöneres, als gleiche Turnschuhe oder gleiche T-Shirts zu tragen. So können sie schon äußerlich zeigen, daß sie dazugehören. Für uns Erwachsene nimmt das oft ärgerliche Formen an – wenn es z.B. die teuren Turnschuhe einer bestimmten Marke sein müssen. Aber wir sollten bei unseren Reaktionen darauf auch bedenken, daß Unabhängigkeit von solchen Äußerlichkeiten eben ein unabhängigeres Selbstbewußtsein voraussetzt, als Grundschulkinder es in der Regel haben.

Soziales Verhalten üben

Sie mögen vielleicht denken, daß Ihr Kind viel und fleißig lerne, sei wichtiger als Freundschaften mit Kindern, die Ihnen womöglich ohnehin nicht so sehr angenehm sind. Aber der Umgang mit ihresgleichen gibt Kindern nicht nur das bestätigende Gefühl des Angenommenseins, er gibt ihnen auch Entwicklungsanreize, die Erwachsene ihnen gar nicht geben können. Die Berliner Erziehungswissenschaftler Oswald und Krappmann haben sich in einer Studie mit den sozialen Beziehungen unter Schulkindern besonders beschäftigt. Sie kamen zu dem Schluß, daß Kinder wichtige soziale Fähigkeiten wie das Aushandeln von Regeln, das Lösen von Konflikten, das Einüben von Verhaltensmustern, das Festigen und Rechtfertigen moralischer Normen nur unter Gleichrangigen im gemeinsamen Spiel wirklich lernen können. Wir Erwachsenen können ihnen zwar Anregungen geben, aber was sie von uns erfahren, müssen sie untereinander immer und immer wieder anwenden, ausprobieren, überprüfen.

Quatsch machen

Besonders effektiv erscheint dabei eine Betätigung, die Erwachsene oft eher als völlig unsinnige Zeitverschwendung ansehen, die ihnen auch oft, sofern sie etwa den Unterricht stört, erheblich auf die Nerven geht – das ist das Necken, Rangeln, Herumalbern, das gemeinsame „Quatschmachen". Bei diesen Albernheiten und Sticheleien müssen die Kinder viel Einfühlungsvermögen und soziale Fähigkeiten aufbringen, um die anderen zum Mitmachen zu bewegen, einen gemeinsamen Spaß zustande zu bringen, die anderen von der Harmlosigkeit ihrer Absichten zu überzeugen, aber auch die Grenzen zu nicht mehr vertretbarem Verhalten zu erkennen und einzuhalten. Dieses „Quatschmachen", dieses Üben sozialer Beziehungen unter eher spielerischen Bedingungen ist, so müssen wir aus den Untersuchungen schließen, mit seinen Lernanreizen genau so wichtig wie der Unterricht. Kinder, die in eine Klasse gut eingebunden sind, die Freunde haben, werden in solche Spiele viel häufiger einbezogen als Außenseiter. Kinder, die einander gleichgültig sind, albern kaum miteinander. Deshalb haben Kinder mit guten Beziehungen in ihrer Klasse viel bessere Voraussetzungen für soziales Lernen. Versuchen Sie, daran zu denken, wenn Ihnen zu Hause das Gerangel oder Gekicher gerade mal wieder an den Nerven zerrt, oder wenn Ihr Sohn einen Tadel wegen ständigen Quatschens im Unterricht nach Hause bringt.

Mit Freunden lernt sich's besser

Aber auch auf die Schulleistungen haben die sozialen Beziehungen, die ein Kind in der Klasse eingeht, erheblichen Einfluß. Oswald und Krappmann haben bei ihrer Untersuchung alle Situationen, in denen Kinder Hilfe voneinander erbaten oder bekamen, genau registriert. Sie kamen dabei zu folgenden Ergebnissen: Kindern in problematischen Positionen in ihrer Klasse wird erbetene Hilfe häufiger verweigert oder nur mit einer abschätzigen Bemerkung gewährt. Kinder mit guten Beziehungen in der Klasse bekommen häufiger Hilfe, werden seltener abwertend behandelt und haben bessere Zensuren.

Unter befreundeten Kindern ergibt sich häufiger eine spontane Zusammenarbeit. Kinder, die viel zusammenarbeiten, haben bessere Leistungen. Befreundete Kinder tauschen oft ihre Ansichten über ein Problem aus und bemühen sich, die Sichtweise des anderen zu verstehen, ihre eigene Ansicht verständlich zu

machen. Die Auseinandersetzung mit verschiedenen Sichtweisen eines Problems fördert das Denkvermögen der Kinder mehr als die Wissensvermittlung durch den Lehrer.
Kinder, die keine Beziehung zueinander haben, können nicht gut zusammenarbeiten, weil ihnen die „Antennen" dafür fehlen, sich auf die Beiträge und Argumente des anderen einzustellen.

Teamfähigkeit

Bei dieser Zusammenarbeit und Auseinandersetzung mit Mitschülern lernen Kinder auch die sozialen Voraussetzungen für ihr späteres Arbeitsverhalten. Wenn Sie Stellenanzeigen aufmerksam lesen, werden Sie feststellen, daß „Teamfähigkeit" eine häufig wiederkehrende Bedingung ist. Voraussetzung dafür ist nicht etwa nur ein friedfertiger und umgänglicher Charakter. Es gehört vielmehr dazu, daß ein Mensch durch ständiges Üben das rechte Maß findet zwischen Entscheidungskraft, Kritikfähigkeit, Durchsetzungsfähigkeit und solidarischem Verhalten, zwischen Individualität und Kollegialität. Einer, der immer nur macht, was die anderen gut finden, ist dabei genauso einseitig wie einer, der seine guten Ideen anderen nicht vermitteln kann, immer mit dem Kopf durch die Wand will.

Das Übungsgelände für diese Talente ist die Schule.

Freunde finden

Glauben Sie aber bitte nicht, für die Erreichung so wichtiger Ziele müßten dann die Freunde oder Freundinnen Ihres Kindes besonders sorgfältig ausgewählt werden. Was Ihr Kind an anderen findet, zu denen es sich besonders hingezogen fühlt, können Sie oft nicht beurteilen. Wohlerzogenheit und gute Zensuren jedenfalls sind völlig unzureichende Maßstäbe dafür. Überlassen Sie die Auswahl Ihrem Kind, und behandeln Sie seine Freunde mit Achtung, wie Sie sie auch Freunden Ihres Partners entgegenbringen würden. Wenn Sie sie dadurch näher kennenlernen, entdecken Sie sicher auch deren liebenswerte Seiten. Und über weniger liebenswerte kann man ja mal reden.

Außenseiter

Nun sind einige Kinder oder Gruppen von Kindern leider besonders in Gefahr, in eine Außenseiterposition zu geraten – weil sie Besonderheiten haben, an denen sie nichts ändern können. Sie haben vielleicht eine auffällige Krankheit oder Behinderung, sind von anderer Hautfarbe, verstehen unsere Sprache schlecht oder leben in einem Heim.

Kinder können roh sein in ihrer Art, die Betroffenen an den Rand zu drängen. Dabei zeigen sie in vergröberter Form die gleichen Vorurteile, die sie auch bei den Erwachsenen erleben.

Zum Beispiel Behinderte

Wie sehr das Verhalten der Kinder von den Einstellungen der Erwachsenen abhängt, zeigt das Beispiel der Behinderten. Wir Erwachsenen haben lange körperlich, erst recht geistig Behinderte ausgegrenzt – in Heime, in Sonderschulen, in Beschützende Werkstätten. Wir fühlten uns durch ihre Nähe beeinträchtigt, wußten nicht, wie wir mit ihnen umgehen sollten. In den letzten Jahren setzt sich mehr und mehr die Erkenntnis durch, daß von einem engeren Zusammenleben alle, auch die Nichtbehinderten, profitieren. Deshalb gibt es immer mehr Versuche, Kinder mit und ohne Behinderungen vom Kindergarten an gemeinsam zu erziehen. Unter Kindern, die in solchen Gruppen aufgewachsen sind, gibt es keine Vorurteile gegen die Behinderten, haben auch die Nichtbehinderten weniger Angst, mit einer ungewöhnlichen Eigenheit aus der Gruppe herauszufallen. Sie erleben aber auch von frühem Alter an das aufrichtige Bemühen der Erwachsenen, solche Diskriminierungen nicht aufkommen zu lassen. (Lesen Sie dazu auch das Kapitel: „Eine Schule für alle Kinder".)

Versuchen wir, das Gesagte praktisch anwendbar zu machen: Nehmen Sie lieber Krach mit Ihrem Hauswirt in Kauf, als daß Sie Ihrem Kind aus Angst verbieten, Freunde mit nach Hause zu bringen. Gemeinsames Spielen gehört zur lebensnotwendigen Nutzung einer Wohnung!

Wenn es in einer Schulklasse Außenseiter gibt, neben denen keiner sitzen, mit denen keiner spielen mag, dann darf es nicht nur Sache der Betroffenen sein, die Ursachen dafür herauszufinden und nach Abhilfe zu suchen. Auch die Nichtbetroffenen brauchen diese Übung im Umgang mit Menschen, die aus dem Rahmen fallen.

Fragen Sie Ihr Kind, wenn es aus der Schule kommt, nicht nur, ob es heute alles gewußt und eine gute Zensur bekommen hat, sondern auch, mit wem es gespielt, über wen es sich geärgert, wer auf dem Schulhof ganz allein gestanden hat. Versuchen Sie herauszuhören, ob da Kinder auf Grund von Vorurteilen an den Rand gedrängt werden und reden Sie oft darüber. Regen Sie Ihre Tochter, Ihren Sohn an, so ein anderes gezielt einzuladen. Sprechen Sie auch mit der Lehrerin und den anderen Eltern darüber.

Wenn Ihr Kind eine Behinderung oder eine Eigenheit hat, die von den anderen Rücksicht verlangt – wickeln Sie es nicht aus Angst vor Enttäuschungen in Watte –, muten Sie es den anderen zu – je häufiger, desto besser. Der tolerante Umgang miteinander sollte zur Selbstverständlichkeit werden.

Machen Sie Ihr Kind nicht leichtfertig zum Außenseiter, indem Sie es etwa davon abhalten, nachmittags mit anderen zu spielen, weil die Ihnen vielleicht zu frech, zu laut, zu ungepflegt erscheinen.

Verlangen Sie nicht von ihm, daß es etwa aus Prinzip Kleidungsstücke trägt, für die es von den anderen ausgelacht wird. Geben Sie seinem Bedürfnis nach Gleichheit nach, wo es um leicht veränderbare Äußerlichkeiten geht.

Bisher sind wir davon ausgegangen, daß Kinder zu Außenseitern werden auf Grund von Eigenheiten, für die sie nichts können, die sie auch nicht ändern können. Aber manches wird auch zum Außenseiter, weil es sich einfach so benimmt, daß niemand etwas mit ihm zu tun haben möchte. Was tun in einem solchen Fall? Muß man den Zappelphilipp, der unentwegt stört, nicht isolieren, damit die anderen in Ruhe lernen können? Kann man von den Friedfertigen erwarten, daß sie Kontakt zu einem aufnehmen, der sie ständig knufft und haut?

Lieber unangenehm auffallen als gar nicht

Manchmal verfallen Kinder, die sich in der Gefahr fühlen, übersehen zu werden, auf ungewöhnliche Verhaltensweisen, um auf sich aufmerksam zu machen nach dem Motto: Lieber unangenehm auffallen als gar nicht. So mancher tätliche Angriff zum Beispiel läßt sich auch als ungeschickter Annäherungsversuch verstehen. So mancher lästige Faxenmacher fände lieber Anerkennung für ein weniger störendes Verhalten.

An der Fixierung so einer Rolle ist aber auch die ganze Klasse beteiligt. Der Faxenmacher braucht sein Publikum, um zur Hochform aufzulaufen. Und in manch einer langweiligen Stunde warten die anderen doch geradezu darauf, daß er mal wieder was hören läßt, auch wenn sie ihn dann hinterher artig kritisieren. Für sie ist das besonders bequem. Sie haben ihren Spaß, aber sie sind es nicht gewesen. Sie können sich positiv abheben, sich besser fühlen, weil ein anderer sich schlecht benimmt.

Auch Kinder, die sich sonstwie unsozial benehmen, werden oft von den anderen in dieser Rolle festgehalten. Hat da einer ein paarmal heimlich was weggenommen oder kaputtgemacht und sich dann durch Lügen aus der Affäre zu ziehen versucht, dann wissen sie bei ähnlichen Vorfällen sofort, wer es bestimmt wieder gewesen ist. Wenn er seine Unschuld beteuert, wird ihm nicht geglaubt. Wozu aber soll er ehrlicher werden, wenn ihm das doch keiner abnimmt? Er richtet sich in dieser Rolle ein, die ihm immerhin eine gewisse Beachtung sichert.

Keine Sündenböcke austreiben

Die Erwachsenen sind manchmal zu schnell dabei, so ein störendes Kind abschieben zu wollen, weil sein Verhalten in der Klasse nicht tragbar ist, weil es die anderen terrorisiert oder am ruhigen Lernen hindert. Meistens wird das vornehmer umschrieben – es sei doch sicher in einer anderen Schule besser zu fördern oder es brauche vielleicht eine spezielle Betreuung in einer Kleinklasse. Den Kindern gibt das ein schlechtes Beispiel für den Umgang mit sozialen Problemen. Sicher muß in einem solchen Fall nach Abhilfe gesucht werden, aber ein Beispiel soll zeigen, daß das auch anders geht, als daß man den Sündenbock in die Wüste schickt.

Störer

Malte ist der Klassenclown. Er stört im Unterricht ständig durch alberne Bemerkungen, die die anderen zum Lachen bringen, aber so manches Mal auch einen geordneten Unterricht unmöglich machen. So gut wie nie trägt er was Vernünftiges zum Unterricht bei. Seine Leistungen sind miserabel, von Sitzenblei-

ben ist die Rede. Man könnte sagen: Seine Leistungen sind so miserabel, weil er ständig nur herumalbert. Aber albert er nicht auch herum, weil er sich vernünftige Beiträge nicht zutraut? Und finden die anderen sein Verhalten nicht auch sehr lustig? Seiner Mutter hat er anvertraut, er habe Angst davor, daß die anderen ihn doch nur auslachen.

Die Lehrerin bespricht die Situation mit der Klasse.

Alle miteinander beschließen:

- *Keiner lacht mehr über Maltes Albernheiten, einer ermahnt den anderen.*
- *Malte versucht, Vernünftiges zum Unterricht beizutragen.*
- *Keiner darf lachen oder sich überheblich äußern, wenn Malte was Falsches sagt, aber alle sollen ihn ermutigen.*
- *Die Lehrerin will für eine gewisse Zeit seine konstruktiven Beiträge ganz besonders beachten.*

Die Kinder sind meistens mit Eifer bei der Sache. Sie haben das Gefühl, daß Maltes Verhalten auch ihr Problem ist. Sie fühlen sich verantwortlich.

Nach einigen Monaten sind Maltes Leistungen deutlich besser, die Störungen seltener geworden. Malte wird nicht sitzenbleiben. Aus Freude darüber kaufen sie für jeden ein Eis aus der Klassenkasse.

Schläger

Nun mag das beim Faxenmacher noch nicht allzu schwer fallen – die Grenze ihrer Toleranz erreichen viele Eltern, wenn das eigene Kind immer wieder Opfer tätlicher Angriffe wird. Aber auch hier gilt das gleiche Prinzip. Manch einer glaubt, er könne sich nicht anders Anerkennung verschaffen als durch Einsatz seiner körperlichen Kräfte. Oder er gerät sehr leicht in Wut und weiß sich nicht anders zu helfen als durch Dreinschlagen. Und wenn die anderen ihm dann mit einem Gemisch aus Angst und Respekt begegnen, fühlt er sich in seiner Rolle bestätigt.

Aber körperliche Aggressivität ist in diesem Alter nicht etwa ein Anzeichen krimineller Neigungen. Und bei keinem Grundschulkind ist diese Art, sich Geltung zu verschaffen, schon so verfestigt, daß ihr nicht mehr beizukommen wäre.

Thomas ist ein sehr kleiner, aber kräftiger, vierschrötiger Junge mit dicker Brille. Er ist vor kurzem neu in die Gegend gezogen und erst in die Klasse gekommen, als sich unter den anderen schon Kontakte und Freundschaften gebildet hatten. Thomas findet keinen Anschluß. Manche finden, daß er „doof" aussieht.

Den Heimweg geht er gemeinsam mit Michael, der auch noch keinen Freund hat. Dem versucht er vorzuführen, was er für ein toller Kerl ist – er knufft ihn, er will mit ihm „kämpfen", führt großspurige, angeberische Reden. Aber er genießt es wohl auch, daß Michael offenbar Angst vor ihm hat. Michael ist sehr scheu und ängstlich. Thomas' Verhalten animiert ihn nicht im minde-

sten. Er bittet seine Mutter, ihn nächstens von der Schule abzuholen und gegen Thomas in Schutz zu nehmen. Was tun?
Die Mutter geht den beiden ein paarmal entgegen, redet auch mit Thomas, findet ihn eigentlich ganz passabel. Sie erklärt ihm, sie fände es praktisch, daß Michael jetzt einen Schulwegbegleiter habe, der sich offenbar zu wehren wisse. Denn Michael möge Tätlichkeiten überhaupt nicht, und Thomas könne ihn sicher vor möglichen Angreifern in Schutz nehmen.

Thomas' Verhalten Michael gegenüber verändert sich schlagartig. Er übernimmt die Rolle des Beschützers voll Eifer. Er kommt jetzt auch nachmittags häufiger zum Spielen. Er wohnt ja ganz in der Nähe. Die beiden werden nicht gerade dicke Freunde, dazu sind sie zu verschieden, aber sie kommen recht gut miteinander aus. Und Thomas wird auch den anderen gegenüber umgänglicher, seit er sich nicht mehr so als Außenseiter fühlt.

Ohne Hilfe von Erwachsenen ist es für die anderen Kinder, die immer wieder Opfer tätlicher Angriffe sind, oft recht schwer, hier Auswege zu finden.

Ob man so ein Klassenproblem mal auf dem Elternabend besprechen könnte? Oder doch lieber in einer kleineren Gruppe der besonders Betroffenen?

Für die Eltern so eines prügelnden Knaben (nur recht selten ist es ein Mädchen) ist die Situation immer besonders schwierig. Sie fühlen sich leicht an den Pranger gestellt. Aber sie haben ihr Kind natürlich trotzdem lieb und wollen es verteidigen. Wenn sie sich das nicht zutrauen, weichen sie Gesprächen oft aus. So ein Gespräch nicht zum Tribunal werden zu lassen, fordert viel Fingerspitzengefühl und Einfühlungsvermögen.

Oder ist Ihr eigenes Kind so eines, das immer wieder in Wut gerät und dann seine Fäuste als Argumente benutzt? Haben Sie deshalb Ärger mit der Schule? Es ist verständlich, daß Sie Ihren Unmut darüber dann manchmal an diesen Bengel weitergeben möchten, der Sie so in Mißkredit bringt. Hilfreich ist es nicht.

Ein Kind zu strafen, gar zu schlagen, weil es andere schlägt, ist ein Widerspruch in sich, bestätigt nur modellhaft das Verhalten, das geändert werden soll – die Gewaltanwendung gegen Schwächere.

Warum tut Ihr Kind das? Darüber wird es nur mit Ihnen reden können, wenn es nicht das Gefühl haben muß, daß es sowieso alle gegen sich hat.

Welche Situationen lösen seine Wutanfälle bevorzugt aus?

Läßt sich an denen etwas verändern?

In welchen Situationen zeigt es sich eher umgänglich?

Wo könnte man ihm Anerkennung verschaffen?

Wie könnten freundliche Kontakte zu anderen Kindern gefördert werden?

Um diese Fragen zu klären, müssen Sie schon Kontakte mit der Lehrerin und mit anderen Eltern aufnehmen.

Jedem, der aus der höheren Warte des Anständigen und Friedfertigen geneigt ist, die Bestrafung oder Entfernung eines Rowdys zu verlangen, sei es zur Warnung gesagt: Man ist oft schneller selbst in der Situation des Betroffenen als man für möglich hält – niemand ist davor sicher. Und dann sind Sie selbst darauf angewiesen, daß andere Sie und Ihr Kind nicht verteufeln, sondern mit Ihnen gemeinsam nach einem Ausweg suchen.

Prügelknaben

Nun gibt es in jeder Schulklasse nicht nur einen oder mehrere Rowdys, sondern auch solche, die die Aggressionen der anderen bevorzugt abkriegen. Das sind oft die Außenseiter – darüber sprachen wir schon. Aber auch wer schnell losheult, wer sich leicht aufregt, wer sich besonders hilflos zeigt, kann damit die Lust am Piesacken unnütz schüren. Deshalb müssen besonders diesen Kindern Wege gezeigt werden, mit den Aggressionen der anderen selbstbewußter umzugehen. Aber welche?

Insbesondere Vätern fällt dazu oft nichts anderes ein als die ständig wiederholte Aufforderung: „Dann hau doch wieder!" – verbunden mit dem mehr oder weniger offenen Vorwurf: „Was bist du für eine Flasche, daß du dir so viel gefallen läßt!" Aber erstens hilft das einem Kind, das nicht zuschlagen mag, herzlich wenig. Es hat nur zu dem Schaden durch das Verhauenwerden auch noch das Gefühl, nicht so zu sein, wie sein Vater es gern hätte. Das macht eher noch unsicherer.

Zweitens führt das ständige Auffordern zur Gegenwehr zu immer neuen handgreiflichen Auseinandersetzungen – denn wenn Sie Kinder, die sich hauen, nach den Gründen fragen, haben sich alle immer nur verteidigt – wirklich angefangen hat keiner. In der Politik ist das nicht anders.

Sicher dürfen sich Kinder, die angegriffen werden, auch mit den gleichen Mitteln verteidigen, wenn sie sich nicht anders zu helfen wissen. Und manchem hebt die Erkenntnis, daß es so hilflos, wie es glaubte, gar nicht ist, gewaltig das Selbstbewußtsein. Das wiederum genügt manchmal, den Angreifer von künftigen Aktionen abzuschrecken. Insbesondere Mädchen wünscht man schon manchmal diese Erfahrung, weil sie besonders leicht in die Rolle der hilflosen Opfer gedrängt werden.

Aber es gibt noch andere Möglichkeiten. Wie der Däumling im Märchen können auch körperlich unterlegene Kinder lernen, Witz und Verstand gegen rohe Gewalt zu setzen. Und in manchen Situationen ist wegrennen und sich ins Fäustchen lachen vernünftiger als standhalten. Entscheidend ist, daß das Kind nicht gelernt hat, darin eine Schwäche zu sehen.

Auch wenn Kinder angeregt werden, zusammenzuhalten, den Schulweg gemeinsam zu gehen, sich gegenseitig zu helfen, haben Angreifer es schwerer, in ihnen ein Opfer zu finden.

Streber

Jetzt haben wir sie alle aufgezählt, die Problemfälle normaler Schulklassen – die Außenseiter, die Störer, die Schläger und ihre bevorzugten Opfer. Nur über eine Sorte haben wir bisher noch nicht gesprochen, weil sie von vielen Erwachsenen gar nicht als problematisch gesehen wird – das sind die Streber. Ich meine aber, daß es für ein Kind ein schweres Los ist, als Streber verschrien zu sein und aus dieser Rolle nicht herauszufinden.

Unter Kindern gibt es oft Debatten darüber, wann man ein Streber ist und wann nicht. Ein Kind ist sicher noch kein Streber, wenn es gern lernt und gern gute Zensuren bekommt.

- Wenn es aber bei einer Zwei in Tränen ausbricht, weil es unbedingt eine Eins bekommen wollte,
- wenn es immer alles tut und verteidigt, was die Lehrerin sagt,
- wenn es ständig versucht, ihr positiv aufzufallen oder einen Gefallen zu tun,
- wenn es in Konfliktfällen lieber seine Mitschüler verrät als die Lehrerin zu enttäuschen,
- wenn es andere nicht abschreiben läßt, weil es dann nicht mehr allein glänzen kann, dann mag es zwar eine gute Schülerin, ein guter Schüler sein, aber im Bereich „Soziales Lernen" hat es bedenkliche Schwächen und ist dabei bestimmt auch nicht glücklich.

Fragen Sie sich in einem solchen Fall bitte kritisch, ob Sie vielleicht zu dieser Entwicklung selbst beigetragen haben, wie Sie Ihrem Kind helfen können, aus dieser Rolle wieder herauszukommen.

- Ermutigen Sie es, die Streiche der anderen mitzumachen, selbst wenn es dafür mal einen Tadel kriegt,
- fördern Sie Kontakte zu anderen, weniger braven und weniger fleißigen Schülern,
- halten Sie sich zurück mit Ihrer Erwachsenenmoral,
- versuchen Sie lieber häufiger mal gemeinsam über die Schule zu lachen.

Jungen und Mädchen

Ein weiteres Gebiet sozialen Lernens möchte ich hier noch erwähnen, weil es mir besonders wichtig erscheint, das ist das Hineinwachsen in die Geschlechtsrollen, wie sie von der Umwelt definiert, wie sie an zahllosen Modellen von den Eltern über Schulbücher bis zum Fernsehen vorgeführt werden.

Im Kindergarten spielen Jungen und Mädchen noch sehr unbefangen miteinander, schließen untereinander Freundschaften. In der ersten, zweiten Klasse dauert das oft noch fort. Aber dann geht meistens ein immer tieferer Riß mitten durch die Klasse – hier die Jungen, da die Mädchen. Mädchen finden Jungen grob, laut und doof, Jungen finden Mädchen zickig und empfindlich. Gemeinsame Unternehmungen werden immer seltener.

Die Unterschiede im Verhalten sind auch meist beträchtlich. Mädchen sind eher artig, fleißig, die Stützen der Lehrkräfte beim Bemühen um geordneten Unterricht und zivilisierten Umgang miteinander. In der Grundschule haben Mädchen deshalb allgemein bessere Zensuren.

Später in der Oberschule gehen dann die Interessengebiete mehr und mehr auseinander. Jungen stützen sich eher auf Mathematik und Naturwissenschaften, Mädchen fühlen sich sicherer in Deutsch, Sozialkunde, Fremdsprachen.

Für jedes einzelne Kind bedeutet diese Geschlechtsnorm aber eine einseitige Beschränkung seiner Möglichkeiten. Ein Mädchen, das sich für Motoren interessiert, ein Junge, der gern Puppenkleider näht, stoßen leicht auf das Befremden ihrer Mitmenschen. Sie werden dadurch verunsichert, halten sich dann womöglich doch lieber an das allgemein Übliche.

Es genügt deshalb nicht, Jungen und Mädchen genau gleich zu behandeln, ihnen die gleichen Möglichkeiten einzuräumen in der Hoffnung, daß diese Einseitigkeiten dadurch verschwinden. Denn diejenigen, die sich sozusagen mit der allgemeinen Norm im Rücken an eine Aufgabe heranmachen, sind dabei einfach sicherer und selbstbewußter als die, die dabei gegen den Strom zu schwimmen versuchen.

Es muß bei beiden Geschlechtern gezielt das gefördert und ermutigt werden, was sie sich, allgemeine Vorurteile übernehmend, weniger zutrauen. Nur so hat jedes Kind, unabhängig von seinem Geschlecht, die Chance, alle Fähigkeiten in sich zu entwickeln und zu stärken. Deshalb denken in letzter Zeit Lehrerinnen wieder darüber nach, ob es nicht ratsam ist, Schulkinder zeitweise nach Geschlechtern getrennt zu unterrichten.

Wenn Ihnen deshalb Ihre Tochter schon in der Grundschule erklärt, Mathe könne sie nun einmal nicht, weil sie ein Mädchen sei, dann sollten Sie das so nicht akzeptieren. Sicher wird es immer Kinder geben, die Mathe besonders interessant finden, und solche, die es eher langweilt. Aber nirgends ist festgelegt, daß das erstere eher die Jungen, das letztere eher die Mädchen sein müssen.

Es ist auch zweischneidig, wenn die Lehrer immer auf die Tugenden der Mädchen zurückgreifen, wenn sie Ruhe in der Klasse herstellen oder einen sozialen Konflikt lösen wollen. Damit nageln sie die Mädchen auf diesen Bereich gewissermaßen fest und vernachlässigen ihn bei den Jungen. Und wenn sie dann der Schule entwachsen sind, drängeln sich wieder die Mehrzahl der Mädchen in einigen wenigen, vorwiegend sozialen und pflegerischen Berufen, in denen Männer Mangelware sind. Und Männer können weiterhin behaupten, daß sie für derlei ganz ungeeignet seien.

2·2+6 = 10
4·3+8 = 20
5·5+_ = 30
15.5.1987
a) 7·3+_ = 30
8·2+_ = 20
2·4+_ = 10
3·5+__
6·4+__
9·3+_

Umgang mit Lehrerinnen und Lehrern

Lehrer oder Lehrerin?

Am liebsten hätte ich dieses Kapitel nur „Umgang mit Lehrerinnen" genannt. Denn in den Grundschulen sind Lehrer eine seltene Ausnahme. Und zu lange war es umgekehrt üblich – immer war nur von den Lehrern die Rede, obwohl die Mehrzahl von ihnen längst Frauen waren. Doch könnte aus der Wahl der weiblichen Form mancher schließen, daß hier von den speziellen Problemen weiblicher Lehrkräfte die Rede sei, die Männer dabei nicht mitgemeint seien. Um dieses Mißverständnis zu vermeiden, rede ich in der Mehrzahl meistens von Lehrern und meine dabei beide Geschlechter. Aber wir sollten dabei nicht vergessen, daß die meisten Lehrkräfte der Grundschule eben Lehrerinnen sind. Das ist für die Entwicklung der Kinder, für den Umgang mit den Eltern, und das sind ja wiederum überwiegend die Mütter, sicher von Bedeutung. Zumindest berührt es das Selbstwertgefühl der Lehrerinnen. Denn obwohl sie an den Grundschulen die große Mehrheit sind, sind ihre Vorgesetzten, die Rektoren, zum erheblichen Teil Männer. Wesentlich mehr Männer gibt es auch unter den Lehrkräften an den Gymnasien. Und die gelten (und verdienen!) im allgemeinen erheblich mehr. Als wenn es weniger schwierig und verdienstvoll wäre, jüngere Kinder zu unterrichten! Wie in vielen anderen Berufen finden sich auch hier die Frauen in den „unteren Rängen". Und das macht nicht gerade selbstbewußt. Aber dieser Gesichtspunkt hat bisher noch wenig Beachtung gefunden.

Wechselseitige Vorurteile

Bei der Diskussion um Schülerprobleme habe ich immer wieder eine erstaunliche Feststellung gemacht: Diskutiert man mit Lehrern und Lehrerinnen, neigen sie dazu, die Ursachen des Übels bei den Eltern zu suchen – die Eltern machen zu Hause alles mögliche verkehrt, was die Lehrer in der Schule dann ausbaden müssen.

Spricht man dagegen mit Eltern, ist es genau umgekehrt. Es gibt viele Klagen über die Lehrer, die in der Schule wieder einreißen, was man zu Hause mühsam aufgebaut hat.

Wie kommt das? Und wer hat recht?

In dieser Form sicher keiner von beiden. Wenn so pauschal geurteilt wird, zeigt das, daß jede Gruppe Vorurteile gegen die andere hat, ihre Position zuwenig versteht, sich zuwenig in sie hineinversetzen kann. Beide bauen sich aus eigenen Ängsten, Unterlegenheitsgefühlen, Abwehrhaltungen ein Bild von den anderen auf, das so nicht stimmt. Beide glauben, eigenen Gefühlen der Unzulänglichkeit oder möglicher Kritik begegnen zu müssen, indem sie die Schuld für Mißerfolge bei den anderen suchen.

Eltern haben oft Angst vor Lehrern

Viele Eltern begegnen den Lehrerinnen und Lehrern ihrer Kinder heute mit den Gefühlen, die sie selbst als Kinder ihren eigenen Lehrern gegenüber hatten. Sie fühlen sich wieder so unterlegen und hilflos wie in der eigenen Schulzeit. Und wenn sie eine Schule betreten, ruft vieles diese alten Erinnerungen wieder wach – der Geruch in den Fluren, die vielen geschlossenen Türen, der beklemmende Hall der eigenen Schritte.

Beim Elternabend in der Klasse sitzt vielleicht wie damals die Lehrerin hinter ihrem Tisch, die Eltern davor auf den kleineren Kinderstühlen – und wer zu spät kommt, drückt sich schnell und schüchtern in die letzte Reihe – oder?

Aber auch wenn Eltern betont forsch und selbstbewußt auftreten, ist ihr Verhalten oft nicht nur von den jetzigen Verhältnissen bestimmt, sondern auch von damals, als sie selbst Kinder waren.

Welche Rolle spielen Ihre eigenen Schulerfahrungen bei der Art, wie Sie Lehrer heute einschätzen, heute mit ihnen umgehen?

- Glauben Sie nach wie vor an die Unfehlbarkeit der Lehrer und an die eigene Unterlegenheit?
- Unterstellen Sie den Lehrern Motive und Verhaltensweisen, unter denen Sie selbst früher gelitten haben?
- Möchten Sie sie von einem vermeintlich zu hohen Sockel herunterholen, weil Sie Ihre eigenen Lehrer als so übermächtig erlebt haben?
- Möchten Sie sich beweisen, daß Sie jetzt auch wer sind und es nicht mehr nötig haben, sich von Lehrern etwas sagen zu lassen?
- Oder neigen Sie noch immer dazu, klein beizugeben aus Angst, unangenehme Konsequenzen auf sich zu ziehen?

Urteilen wir allein von den heutigen Gegebenheiten aus, können wir feststellen, daß das Autoritätsgefälle zwischen Eltern und Lehrern überwindbar geworden ist, daß Elternversammlungen auch „am runden Tisch“ mit gleichen Stühlen für alle stattfinden können, daß gleichberechtigte Diskussionen und Aktionen möglich sind.

Aber trotzdem haben Lehrer nach wie vor große Macht über das weitere Ergehen eines Kindes. Und deshalb sind Ängste und Vorbehalte von Eltern nicht nur aus dem „Damals“ gespeist, sondern auch höchst gegenwärtig.

- Lehrer entscheiden mit Zensuren und Empfehlungen über das Schulschicksal, und damit oft auch über die Berufschancen der Kinder.
- Lehrer verfügen über Fachkenntnisse und über Schulwissen, das bei vielen Eltern nicht vorhanden oder doch längst versackt ist.
- Lehrer haben bei dem, was sie tun, die mächtige Institution Schule im Rücken. Eltern fühlen sich dagegen oft ohnmächtig.
- Lehrer genießen bei fast allen Elternkontakten einen „Heimvorteil", weil fast alle diese Kontakte in der Schule stattfinden.

Die Angst der Lehrer vor den Eltern

Was aber viele Eltern nicht wissen: Lehrer haben auch Angst vor Eltern! Sie fürchten sich vor Elternabenden, an denen sie selbst allein einer ganzen Meute von Eltern gegenübersitzen, vor denen sie ihre Arbeit und ihre Erfolge rechtfertigen müssen. Sie fürchten sich auch, wenn wieder eine bestimmte Mutter vor dem Lehrerzimmer wartet, mit deren Kind sie Schwierigkeiten haben. Und auch manches forsche Lehrerverhalten hat vielleicht den Zweck, eigene Unterlegenheitsgefühle zu überspielen.

- Braucht der Lehrer das erhöhte Pult, um sich daran festzuhalten?
- Sollen die zwanglos eingestreuten Fremdwörter einen hohen Wissensstand vermuten lassen?
- Doziert die Lehrerin so viel, weil sie sich dabei sicherer fühlt, als wenn sie Fragen beantworten soll?
- Wehrt sie sich gegen Elternbesuche im Unterricht, weil sie schlicht Angst davor hat?

Lehrer tun sich oft schwer damit, Eltern über ihre Arbeit Rechenschaft zu geben. Besonders die Anwesenheit anderer Erwachsener im Unterricht kennen sie fast nur aus Prüfungssituationen. Ansonsten werden sie bei ihrer Arbeit im wörtlichen Sinne alleingelassen. Außer am Lernfortschritt und der Lernfreude ihrer Schüler und Schülerinnen haben sie keine Kontrolle über die Qualität ihrer Arbeit. Daß Kolleginnen wechselseitig in ihrem Unterricht hospitieren, um sich Hinweise zu geben und voneinander zu lernen, das ist noch eine große Ausnahme. Ansonsten aber haben Lehrer wenig Gelegenheit, sich am Urteil von Kollegen, die sie schätzen, festzuhalten. Sie sind deshalb oft recht unsicher, je nachdem, wie es in der eigenen Klasse gerade so läuft. Und da erscheinen Eltern, die hospitieren wollen, die Fragen stellen, die kritisieren, leicht als bedrohlich.

Lehrer haben auch den Umgang mit Eltern in ihrer Ausbildung nicht gelernt. Elternabende oder Elternsprechtage sind eine oft unangenehme Pflicht; was darüber hinausgeht, ist eine zusätzliche Belastung. Während Eltern die Kontakte zur Lehrerin oft sehr wichtig finden, bedeuten sie für die Lehrerin vielfach wenig geschätzte Mehrarbeit. Deshalb gestalten sich solche Kontakte dann leicht zu höflichen Bitten auf der einen und halbherzigem Gewähren auf der anderen Seite.

Halten wir also fest:

Das Verhalten vieler Eltern den Lehrern gegenüber ist davon bestimmt, daß sie im Grunde Angst vor den Lehrern haben. Aber auch Lehrer haben Angst vor Eltern.

Müßte es mit diesem Stand der Einsicht nicht möglich sein, sich gegenseitig klarzumachen, daß es unnötig und unpraktisch ist, wenn einer dem anderen den Buh-Mann vormacht?

Auch Lehrer haben Schwächen

Für manche Eltern, erst recht für viele Schüler mag es eine ungewohnte Perspektive sein, auch die Lehrerin als einen ganz normalen Menschen mit Stärken und Schwächen zu sehen, der auf das Wohlwollen der Eltern und Schüler ebenso angewiesen ist wie sie auf seines.

Lehrer glauben oft, sie dürften eigene Schwächen oder Ängste auf keinen Fall merken lassen, weil sie damit an Autorität verlören. Aber nach meiner Erfahrung stimmt das nicht. Lehrer, die eigene Unzulänglichkeiten zugeben können, gewinnen damit oft an Verständnis und Sympathie bei Eltern und Kindern. Oder sehen Sie gern im Lehrer eine Galionsfigur, die keine Fehler haben darf?

Wenn die Lehrer von ihrem Sockel der Unfehlbarkeit steigen könnten, auf den sie sich oft aus eigenen Unterlegenheitsgefühlen geflüchtet haben, wenn beide zugeben könnten, daß bei den gegenseitigen Schuldzuschreibungen wahrscheinlich jeder ein bißchen recht und ein bißchen unrecht hat, dann könnten sie als gleichberechtigte Partner nach Lösungen für Probleme suchen, die man mit Schulkindern nun mal hat.

Es bringt nichts, nach Schuldigen zu suchen.

Es ist im Grunde auch eine müßige Frage, wer an einem Zustand nun eigentlich schuld hat. Die Suche nach einem Schuldigen führt nur dazu, daß der Betroffene sich zur Verteidigung herausgefordert fühlt. Und das hilft nicht weiter.

Ich will das an einem Beispiel erläutern:

Ein Mädchen traut sich in der Schule nichts zu sagen, sitzt immer nur stumm auf seinem Platz.

Die Lehrerin sagt: An mir kann das nicht liegen, denn ich bin immer freundlich zu den Kindern. Wahrscheinlich haben die Eltern zu Hause ihr Angst gemacht.

Die Eltern sagen: Zu Hause ist unsere Tochter überhaupt nicht schüchtern, sondern nur in der Schule. Also muß die Lehrerin ihr Angst machen.

So werden sie nicht weiterkommen. Wichtiger und richtiger wäre es, zu fragen:

In welchen Situationen ist das Kind schüchtern, in welchen geht es aus sich heraus?

Unter welchen Bedingungen traut es sich zu sprechen, unter welchen nicht?

Auf welchen Gebieten traut es sich etwas zu, auf welchen nicht?

Was können die Eltern, was kann die Lehrerin tun, um dem Kind seine Stärken bewußter zu machen, ihm seine Angst zu nehmen?

Gespräche unter Gleichen

Das Grundprinzip dabei ist, daß hier verschiedene Fachleute – und Eltern sind auch Fachleute –, die das gleiche Kind nur in unterschiedlichen Ausschnitten seines Lebens kennen, ihr Wissen und ihre Erfahrung zusammentragen, um ihm über eine Schwierigkeit hinwegzuhelfen.

Wenn man die Sache so ansieht, brauchen sich auch Eltern und Lehrer in ihrer Kompetenz nicht angegriffen zu fühlen, denn jeder hat dem anderen etwas voraus. Eltern sollten sich nicht anmaßen, der Lehrerin in die Methoden hineinzureden, mit denen sie versucht, den Kindern das Malnehmen beizubringen, oder gar zu behaupten, das sei doch keine Kunst, das könne schließlich jeder. Sie müssen anerkennen, daß sie von diesem Gebiet mehr versteht.

Aber vielleicht hat sie keine Ahnung davon, wie manche ihrer Eigenheiten auf die Kinder wirken, denn in der Schule sprechen sie darüber nicht, wohl aber zu Hause mit ihren Müttern.

Auf Elternerfahrung sind Lehrer oft auch angewiesen, wenn sie das soziale Klima in der Klasse verbessern möchten, wenn sie zum Beispiel zu ergründen versuchen, was den „big boss" der Klasse für seine Mitschüler eigentlich so attraktiv macht. Auf dem Gebiet haben nun wieder die Eltern mehr Ahnung, weil ihr Umgang mit den Kindern vertrauter ist, weil sie meist mehr von ihnen erfahren als die Lehrer.

Wenn in dieser Weise jeder die Erfahrungen des anderen achtet, die der ihm voraus hat, kann sich daraus eine gedeihliche, gleichberechtigte Zusammenarbeit ergeben. Leider fällt auch Lehrern diese Sicht oft schwer. Viele versuchen, Mütter wie Zuarbeiterinnen zu behandeln. Dagegen müssen die Mütter sich wehren. (Mehr dazu finden Sie in dem Kapitel: „Mütter als Hilfslehrerinnen".)

Es wird auch Konflikte geben

Zusammenarbeit soll allerdings nicht heißen, daß Eltern und Lehrer immer friedfertig und einträchtig an einem Strang ziehen müßten. Daß beide unterschiedliche Interessen haben, darf ebensowenig geleugnet werden wie die Tatsachen, daß eine unterschiedliche Sicht der Dinge oft auch Kritik aneinander enthalten wird.

Für eine Lehrerin ist das Unterrichten Beruf. Bei allem Einsatz für ihre Schüler hat sie doch auch das Interesse an einem möglichst streßarmen Arbeitsplatz und an geregelten Arbeitszeiten. Dieses Interesse haben Sie in Ihrem Beruf doch wohl auch.

Die Aufgabe der Lehrerin ist es, allen Kindern, die sie unterrichtet, gleichermaßen gerecht zu werden, keines zu bevorzugen oder zu benachteiligen. Einzelne Eltern dagegen haben das berechtigte Interesse, daß ihr eigenes Kind so gut gefördert wird, wie es nur irgend möglich ist. Sie werden deshalb im Interesse ihres Kindes manchmal von der Lehrerin Verhaltensweisen oder ein Maß an Einsatz verlangen, das die aus ihrer Interessenlage verweigern muß. Das wird zu Konflikten führen, und die müssen ausgetragen werden, bis eine Lösung gefunden ist, mit der beide leben können.

Sich gegenseitig anzuerkennen kann auch nicht bedeuten, immer gleicher Meinung zu sein. Wenn ich zum Beispiel einem Lehrer berichte, daß seine angeblich spaßig gemeinten Bemerkungen wie: „Na, du hast wohl zu lange mit dem Kopf in der Sonne gelegen“ die Kinder – oder zumindest mein Kind – kränken, dann sage ich ihm damit auch, daß er solche Sprüche bitte in Zukunft unterlassen möge. Aber ich sage es möglichst so, daß er die Kritik annehmen und sein Verhalten wirklich ändern kann, anstatt sich einzig zu der Entgegnung herausgefordert zu fühlen, daß mein Sohn schließlich seine Bemerkungen im Unterricht auch nicht immer auf die Goldwaage lege.

Nachdem ich also versucht habe, eine Grundhaltung zwischen Eltern und Lehrern zu beschreiben, wie sie mir wünschenswert erscheint, kommen wir jetzt zu einzelnen Verhaltensweisen, die im Umgang mit Lehrern mehr oder auch weniger zweckdienlich erscheinen.

Nicht nur über Leistungen reden

Beschränken Sie sich bei Gesprächen mit Lehrern und Lehrerinnen nicht auf das schmale Gebiet der Leistungen und des Benehmens. Damit riskieren Sie, daß die Lehrerin immer nur berichtet und Sie mehr oder weniger betreten zuhören. Sprechen Sie auch über die Auswirkungen der Schule auf Ihr Leben zu Hause, darüber, wie die Bemühungen der Lehrerin bei den Kindern – oder doch bei Ihrem Kind – „ankommen“, ob es gern lernt, ob es sich langweilt oder überfordert fühlt. Reden Sie über Hobbies und Angewohnheiten, über Freundschaften und Feindschaften unter den Kindern, über alltägliche Freuden und Kümmernisse. Damit die Lehrerin Ihres Kindes nicht nur eine Schülerin, sondern ein ganzes Kind kennenlernt.

Gern würde ich Sie auch auffordern zu rückhaltloser Offenheit der Lehrerin gegenüber, wenn eine Trennung der Eltern ansteht, der Vater die Familie verlassen hat oder die Mutter seelisch krank ist. Denn das hilft ihr, manches am Verhalten des Kindes besser zu verstehen. Da aber die Schule als Institution auch Macht hat, und nicht alle Lehrer nur guten Gebrauch von solchen Informationen machen, werden Sie wohl erst prüfen, ob die Lehrerin Ihres Kindes dieses rückhaltlose Vertrauen auch verdient.

Manche Eltern scheuen sich, eine festgestellte leichte Behinderung ihres Kindes aktenkundig zu machen, weil sie die Abstempelung mehr fürchten als eine Überforderung durch fehlendes Verständnis. Ich hoffe, daß sich solche Befürchtungen oft als unnötig erweisen, ausreden kann ich sie Eltern nicht.

Auch Anerkennung äußern

Gehen Sie nicht nur in die Schule, wenn es ein Problem oder etwas zu kritisieren gibt. Tauchen Eltern nur auf, wenn etwas im argen liegt, ist es kein Wunder, wenn Lehrer vor ihrem Auftauchen Angst haben. Lehrer brauchen auch die Anerkennung der Eltern, und das vor allem da, wo sie mit Anerkennung durch die Schule kaum rechnen können oder den Kindern zuliebe Unannehmlichkeiten riskieren.

Im Schulbetrieb fallen die Lehrer am wenigsten auf, deren Klassen ruhig sind und nicht zu Klagen Anlaß geben. Das verführt zum ängstlichen Verharren im alten Trott. Wo aber eine was Neues ausprobiert, vielleicht neue Methoden, die die Freude der Kinder am Lernen steigern sollen, da riskiert sie schöpfe-

rische Unruhe, oder auch mal, daß ein Experiment mit Pauken und Trompeten danebengeht.

Begeisterte Kinder sind oft laute Kinder. Lehrer, die „Disziplin halten", fallen seltener unangenehm auf als Lehrer, die die Kinder „lebendig" unterrichten. Lob erntet man eher für Klassen, die nie unangenehm auffallen. Deshalb brauchen Lehrer, die Kinder begeistern oder das zumindest zu erreichen versuchen, noch dringender die Anerkennung und Rückenstärkung der Eltern, die diese kindliche Begeisterung zu Hause erfahren. Reagieren aber Eltern nur, wenn es etwas zu kritisieren gibt, geben sie ihnen sonst keine Unterstützung, treiben sie die Lehrer zurück in die unangreifbare Langeweile.

Deshalb ist es unbedingt auch ein Gespräch mit der Lehrerin wert,

- wenn Ihr Kind gern zur Schule geht und für seine Lehrerin schwärmt,
- wenn es auf einmal Spaß am Schreiben bekommt,
- wenn der Ausflug zu den Fischteichen ein wochenlang anhaltendes Interesse für Frösche und Kaulquappen zur Folge hatte.

Nach einer solchen Vorgeschichte kann die Lehrerin dann auch die Mitteilung leichter verdauen, daß sie die Kinder oft mit ihren Hausaufgaben überfordert oder mit einer dummen Bemerkung danebengetreten hat.

Kritik sinnvoll anbringen

Eltern sollen, was Lehrer sagen und tun, nicht kritiklos hinnehmen. Aber Kritik kann auf unterschiedliche Weise geäußert werden.

Kritisieren Sie nicht die ganze Person, sondern gezielt das Verhalten, das Sie für falsch halten.

Also nicht: „Sie sind als Lehrerin unfähig",

sondern: „Die Hausaufgaben, die Sie aufgeben, können die Kinder ohne Elternhilfe oft gar nicht bewältigen."

Vermeiden Sie pauschale Kränkungen, wie: „Die Lehrer wollen sich doch heute bloß das Leben leichtmachen."

Versuchen Sie nicht, der Lehrerin ihre Kompetenz streitig zu machen: „Diese neuen Methoden, das ist doch alles Mist!"

Reden Sie aber ruhig von Beobachtungen, die Sie zu Hause gemacht haben: „Meine Tochter hat das Malnehmen, so wie Sie es erklärt haben, nicht verstanden"; oder: „Uns ist aufgefallen, daß viele Kinder nur raten, wenn sie etwas lesen sollen."

Lassen Sie der Lehrerin Gelegenheit, etwas zu erklären, bevor Sie eine Kritik aussprechen.

Also nicht: „Sie geben Ihre Zensuren anscheinend nach Lust und Laune", sondern: „Ich möchte gern wissen, nach welchen Maßstäben Sie die Niederschriften der Kinder zensieren."

Bauen Sie Brücken, die das Annehmen der Kritik erleichtern: „Meine Tochter mag Sie sonst sehr gern, aber in letzter Zeit fühlt sie sich oft ungerecht behandelt."

Sammeln Sie auch nicht einzelne Ärgernisse so lange, bis das Maß voll ist und überläuft, denn dann wird aus dem Gespräch leicht eine Generalabrechnung, und der Ton wird zu aggressiv. Suchen Sie lieber häufiger ein kurzes Gespräch zwischen Tür und Angel, oder schreiben Sie eine Notiz ins Mitteilungsheft.

Ich sagte es schon, Ziel der Kritik soll nicht sein, recht zu behalten oder den anderen herunterzumachen, sondern im Interesse der Kinder Verbesserungen zu erreichen. Und das erreicht man leichter, wenn man auch auf die Empfindlichkeiten des anderen Rücksicht nimmt. Dabei kann man in der Sache trotzdem zähe und konsequent bleiben.

Die Kinder einbeziehen

Gespräche über Schulthemen müssen durchaus nicht immer nur zwischen Eltern und Lehrern stattfinden. Oft wird es sinnvoll sein, die betroffenen Kinder mit einzubeziehen, besonders dann, wenn es um Fragen der Einstellung zueinander, um Mißverständnisse oder wechselseitige Kränkungen geht.

Den Versuch, das vom Alter her zu begrenzen, möchte ich erst gar nicht machen. Kinder pflegen um so eher verständig zu reagieren, je eher man ihnen das zutraut. Und was habe ich nicht schon für kluge Äußerungen von sechs- oder achtjährigen Kindern gehört.

Hausbesuche

Auch müssen solche Gespräche durchaus nicht immer in der Schule stattfinden. Lehrer begreifen viel mehr vom Verhalten eines Kindes, wenn sie es mal in seinem Zuhause, im Umgang mit seiner Familie erleben.

Der achtjährige Clemens hat Probleme mit seinem Musiklehrer. Er möchte so gern während der Stunden auf dem Xylophon vorspielen, traut sich aber nie. Statt dessen macht er abfällige Bemerkungen, um seine Unsicherheit zu überspielen. Der Lehrer hält ihn für ruppig und uninteressiert und reagiert entsprechend.

Zu Hause klagt Clemens der Mutter sein Leid, weil er sich mißverstanden fühlt. Die Mutter fragt den Lehrer, ob er nicht mal auf eine Tasse Kaffee zu ihnen nach Hause kommen möchte, damit sie in Ruhe miteinander reden können. Und der Lehrer kommt wirklich! Er sieht sich Clemens' Poster an und streichelt seine Katze. Dadurch entsteht eine ganz andere Atmosphäre als bei Gesprächen in der Schule. Mit dem „Heimvorteil" und Mutters Verständnis im Rücken fühlt sich Clemens viel sicherer und kann Dinge sagen, die er in der Schule nicht sagen würde. Beide reagieren außerhalb der Schule mit ihren eingefahrenen Rollenklischees anders, können unbefangener miteinander reden. Alle drei haben zum Schluß das Gefühl, sich in einem ganz anderen Licht zu sehen als vorher.

Solche Hausbesuche der Lehrer bei den Schülern möchte ich gern zur Nachahmung empfehlen. Aber ich weiß, daß nur wenige Lehrer dazu bereit sind. Zum einen verzichten auch sie nicht gern auf den Heimvorteil, den sie haben, wenn die Gespräche in der Schule stattfinden. Zum anderen müssen sie solche Besuche meist in ihrer Freizeit machen, denn in ihrem Arbeitsplan sind sie nicht vorgesehen. Und auch bei vielen Eltern mag die Befürchtung vorherrschen: „Wenn die Lehrerin schon ins Haus kommt, muß es ja wirklich schlimm stehen!“ Muß das so sein? Was würde passieren, wenn Ihr Kind die Lehrerin zum Geburtstag einlüde? Ich kenne einige, die würden kommen. Und ich kenne auch einige, die es sich nicht nehmen lassen, jedes Kind ihrer Klasse mindestens einmal zu Hause zu besuchen – auch ohne daß etwas Besonderes los ist.

Besuch im Unterricht

Kann der Hausbesuch einer Lehrerin zu mehr Verständnis für ein Kind verhelfen, so kann ein Besuch im Unterricht Eltern mehr Verständnis für die Aufgabe der Lehrerin einbringen. In vielen Bundesländern haben Eltern das Recht zu solchen Besuchen. Lehrer sind nicht immer begeistert davon, sie sind es nicht gewöhnt.

Kommen Sie allerdings nur, um Ihr eigenes Kind im Unterricht zu beobachten, werden Sie enttäuscht sein. Denn Ihr Kind wird das erste sein, das sich an diesem Tag anders benimmt als sonst. Wenn Sie allerdings nicht nach einer Stunde wieder weggehen, sondern einen ganzen Vormittag bleiben, ist die Chance recht groß, daß die Kinder (und auch die Lehrerin) Sie vergessen und zu ihrem normalen Verhalten zurückfinden. Und dann können Sie sicher eine Menge interessanter Beobachtungen machen, die auch der Lehrerin leicht entgehen, da sie ja in dieser Situation nicht so unbelastet ist wie Sie. Wenn Sie dann später mit der Lehrerin über Ihre Beobachtungen sprechen, dann sagen Sie ihr zum Schluß ruhig auch, daß Sie jetzt viel besser verstehen, wie mühsam es ist, diesen quirligen Haufen mit Lust bei der Sache zu halten. Sie nehmen ihr damit sicher etwas von der Angst, Sie seien vor allem gekommen, um zu kontrollieren, ob sie ihrer Aufgabe auch gewachsen ist.

Gemeinsamkeit stärkt

Fragen Sie, wenn Ihr Kind Probleme in der Schule hat, immer auch bei den anderen Eltern nach, ob es deren Kindern genauso geht. Denn damit wird aus einem Einzelproblem, das man am besten auch in einem Einzelgespräch mit der Lehrerin löst, ein allgemeines, das gemeinsam bei der Elternversammlung besprochen werden sollte.

Leider ist es oft noch üblich, daß Eltern einander nur Positives über ihre Kinder erzählen, das Problematische aber für sich behalten. Das ist sehr kurzsichtig. Denn es tröstet ungemein, wenn man feststellt, daß andere Leute die gleichen Sorgen haben. Und gemeinsam kann man vieles besser durchsetzen als allein.

Elternabende

Versuchen Sie die Atmosphäre an den Elternabenden so zu gestalten, daß hier wirklich Gleichberechtigte miteinander reden können und nicht Abhängige sich einen Bericht anhören. Dazu trägt die Sitzordnung ebenso bei wie die Wahl der richtigen Elternvertreter oder der vorurteilsfreie Umgang der Eltern untereinander. Nehmen Sie auch die Rechte wahr, die das Schulrecht Ihres Landes Ihnen gibt. Wo, wie in Berlin, die Eltern diese Abende einberufen und leiten sollen, sollten sie diese Funktion nicht aus Unsicherheit an die Lehrer abtreten. Jeder wird zu Anfang unsicher sein, aber die Fähigkeiten wachsen mit den Anforderungen.

Verständnis hat Grenzen

Eines möchte ich aber bei allem Appell an gegenseitiges Verständnis nicht unter den Teppich kehren: Daß es auch Lehrerinnen und Lehrer gibt, die möchte man nicht besänftigen, die möchte man hart angreifen; daß es Lehrerverhalten gibt, das kann man einfach nicht verstehen, dagegen muß man etwas unternehmen.

- Wenn eine Lehrerin sich auch durch massive Elternproteste nicht davon abbringen läßt, Erstkläßler täglich mit seitenweisen Abschreibübungen zu traktieren;
- wenn ein Lehrer meint, das laute Vorlesen besonders schlechter Arbeiten steigere die Motivation der Betroffenen, sich zu bessern;
- wenn Lehrer Kinder drangsalieren, die Schule mit einem Kasernenhof verwechseln, aus fröhlichen Kindern kleine Doktoren machen möchten, dann müssen Eltern auf diesen groben Klotz einen groben Keil setzen.

Ist die Lehrerin nicht zur Einsicht zu bringen, führt der nächste Weg zum Rektor. Diesen Weg würde ich aber wirklich erst empfehlen, wenn alle Versuche über die Lehrerin selbst zu nichts geführt haben. Denn ein Rektor fühlt sich in der Fürsorgepflicht für die Lehrer seiner Schule und wird versuchen, sie gegen unfaire Angriffe, und das sind zum Beispiel die, die ihn ohne Informierung der Betroffenen „hintenherum" erreichen, in Schutz zu nehmen.

Kommt man auch beim Rektor nicht weiter, muß man sich an den zuständigen Schulrat wenden.

Auch hier tun Eltern gut daran, wenn sie solche Konflikte möglichst nicht einzeln, sondern gemeinsam durchfechten. Bei gemeinsamen Aktionen ist die Angst geringer, das eigene Kind habe womöglich die unangenehmen Folgen solchen Engagements zu tragen.

Wenn sich nichts bewegt, können auch ein Schulstreik (ich weiß, daß das verboten ist), ein gemeinsamer Besuch beim Schulamt oder ein Bericht in der Lokalzeitung zumindest öffentliche Aufmerksamkeit bewirken, die die Zuständigen in Zugzwang bringt. Kinder, die unter ungeeigneten oder tyrannischen Lehrern leiden, haben ein Recht auf so radikale Unterstützung. Die Eltern geben ihnen damit außerdem ein Beispiel an Zivilcourage, denn auch sie sollen sich ja später nicht alles gefallen lassen.

Domino

Die leidigen Hausaufgaben

Hausaufgaben für die ganze Familie

Hausaufgaben sind der lange Arm, mit dem die Schule in die Familien hineinlangt. Sie sind zwar Angelegenheit der Schule, aber angefertigt werden sie zu Hause, unter den recht verschiedenartigen Bedingungen der Familie, mit mehr oder weniger Hilfe von Eltern oder Geschwistern.

- Nach den Hausaufgaben hat sich der nachmittägliche Terminplan zu richten – an Tagen mit vielen Hausaufgaben kann man weder zusammen zum Einkaufen noch in den Zoo gehen.
- Hausaufgaben sind für Eltern das „Fenster zur Schule". Über sie kontrollieren die Eltern, was die Lehrerinnen den Kindern beibringen, was die Kinder verstanden oder nicht verstanden haben, was ihnen leicht- oder schwerfällt.
- Die Hausaufgaben bestimmen das Familienklima – viele Streitigkeiten entzünden sich daran, daß das Kind trödelt, zu viele Fehler macht oder überhaupt keine Lust hat.
- Hausaufgaben bekommen nicht nur die Kinder, sondern meistens auch ihre Mütter. Zwar steht in den Bestimmungen der meisten Bundesländer, die Aufgaben müßten so gestellt werden, daß die Kinder sie allein anfertigen können – in der Praxis aber sieht das ganz anders aus. Im Grunde setzen Hausaufgaben, so wie sie heute gegeben werden, voraus, daß Mütter nicht berufstätig sind. Also machen Hausaufgaben sogar Politik.

  Muß das so sein?

Müssen Hausaufgaben sein?

Hausaufgaben hat es anscheinend immer gegeben, sie gehören einfach zur Schule. Die Großeltern und die Eltern mußten sie machen, die heutigen Schulkinder müssen es auch – oder???

So selbstverständlich, wie es sich im ersten Moment anhört, ist das überhaupt nicht. Unter Pädagogen wird darüber seit langem heftig gestritten. Es gibt eifrige Verfechter von Hausaufgaben, aber auch zahlreiche Kritiker, die sie am liebsten ganz abschaffen würden. Und es gibt die große Zahl derer, die zwar die vielfach geübte Praxis beklagen, aber meinen, man müßte Hausaufgaben **anders** vorbereiten, aufgeben, nacharbeiten, damit sie einen Sinn haben. Schließlich gibt es noch (zu) viele, die das Ganze handhaben, wie es immer war, ohne groß darüber nachzudenken.

Argumente für Hausaufgaben

Als Argument für die Notwendigkeit von Hausaufgaben wird meistens angeführt:

Mit den Hausaufgaben müssen die Kinder zu Hause das einüben und festigen, was in der Schule durchgenommen worden ist. Sie müssen das Einmaleins üben, schriftlich malnehmen, bis es „sitzt", Vokabeln lernen oder Diktat-Texte so oft schreiben, bis sie fehlerfrei sind. Wollte man all dies während der Unterrichtszeit schaffen, bliebe für das Erarbeiten von Neuem zu wenig Zeit.

Das zweite gewichtige Argument ist eher ein erzieherisches: Kinder sollen sich durch die Hausaufgaben an selbständiges Arbeiten gewöhnen. Sie sollen selbst daran denken, was sie zu machen haben, ihre Zeit entsprechend einteilen und sich daran gewöhnen, auch außerhalb der Schule, ohne Hilfe und Anstoß durch die Lehrerin, etwas zuwege zu bringen.

Argumente gegen Hausaufgaben

Aber diese Argumente zerpflücken die Gegner der Hausaufgaben. So haben zahlreiche Untersuchungen ergeben, daß Kinder, die zu Hause Übungsaufgaben machen mußten, keine besseren Leistungen erbrachten als andere ohne Hausaufgaben.

Keine besseren Leistungen

Den Anfang machte 1958 der Pädagoge Bernhard Wittmann. Er ließ in je sechs Klassen des 3. und des 7. Schuljahres vier Monate lang die eine Hälfte die üblichen Hausaufgaben in Rechnen und Rechtschreiben machen, die andere Hälfte bekam nichts auf. Nach den vier Monaten wurden die Leistungen der Kinder verglichen. Die mit Hausaufgaben waren nicht besser als die ohne!

Zehn Jahre später haben Kollegen das gleiche Experiment wiederholt – mit dem gleichen Ergebnis.

In den letzten Jahren gab es noch viele ähnliche Untersuchungen bei uns und auch im Ausland – und immer war das Ergebnis das gleiche: Kein Beleg für den leistungssteigernden Wert von Hausaufgaben.

Keine Entlastung des Unterrichts

Es stimmt auch nicht, daß das Erteilen von Hausaufgaben den Unterricht entlastet. Denn darüber sind sich die Pädagogen einig: Wenn Hausaufgaben sinnvoll sein sollen, dann müssen sie im Unterricht gut vorbereitet werden. Alle Kinder müssen verstanden haben, was sie machen sollen, sie müssen fragen können, wenn ihnen etwas noch nicht klar ist. Und die Aufgaben müssen nachbereitet werden. Jede Arbeit muß nachgesehen werden, damit Fehler, die das Kind vielleicht zu Hause gemacht hat, nicht unkorrigiert bleiben. Denn sonst übt es etwas Falsches ein. Außerdem entstehen Enttäuschung und Resignation, wenn eine Arbeit, die zu Hause mit Mühe angefertigt wurde, in der Schule dann keine Beachtung findet.

All dies aber kostet viel Zeit – mit dem Effekt, daß dann der Stoff nicht geschafft wird und wieder Hausaufgaben aufgegeben werden müssen! Ob man dann nicht besser gleich das Durchgenommene in der Schule üben könnte??

Nun zum zweiten Argument, Hausaufgaben sollten zum selbständigen Arbeiten erziehen:

Keine Erziehung zur Selbständigkeit

Daß (zumindest jüngere) Kinder ihre Hausaufgaben selbständig machen, ist einfach nicht wahr! Wer achtet denn darauf, daß alles gemacht und nichts vergessen wird, wer mahnt denn, wer teilt denn die Zeit ein, wer hilft denn, wenn es nicht weitergeht?

Die meisten Mütter helfen ihren Kindern bei den Hausaufgaben (Väter spielen in diesem Zusammenhang kaum eine Rolle). Viele tun es halbherzig – mit schlechtem Gewissen oder mit Wut im Bauch, manche aber auch mit so viel Selbstverständlichkeit, daß sie sagen: „**Wir** müssen noch **unsere** Hausaufgaben machen“ oder „**wir** haben das diesmal anders gemacht“. Die Mutter ist es auch, die das Mitleid packt, wenn Hanna oder Timmy voll Verzweiflung zu lange über den Aufgaben brütet – und was tut sie dann? Sie sagt: „Gib her, laß mich mal“, damit die Quälerei endlich ein Ende hat. Und was hat das dann noch mit Erziehung zur Selbständigkeit zu tun? Viele Pädagogen kritisieren deshalb auch, mit den Hausaufgaben gerate das Kind aus der Abhängigkeit von der Lehrerin in die Abhängigkeit von der Mutter, und darin liege dann überhaupt kein Vorteil.

Nun gibt es zwar theoretisch noch die – pädagogisch einzig sinnvolle – Möglichkeit, die Kinder ihre Hausaufgaben wirklich selbständig machen zu lassen, sich nicht einzumischen, wenn sie die Hälfte vergessen, Fehler nicht zu korrigieren, sie mit Nicht-Verstandenem an die Lehrerin zu verweisen. Aber angesichts von Arbeitslosigkeit und numerus clausus, vor denen ein guter Schulabschluß noch einen gewissen Schutz zu bieten scheint, hält das nur eine Minderheit wirklich durch.

Lehrerinnen verlieren die Maßstäbe

Da also die meisten Mütter zu Hause helfen, verschieben sich unmerklich die Maßstäbe der Lehrerinnen, sie gewöhnen sich immer mehr an fehlerfreie Arbeiten, sie sehen nicht mehr die Mühe, die das gekostet hat, und wenn dann einige Kinder das vorzeigen, was sie wirklich ohne Hilfe zuwege gebracht haben, fallen sie damit unangenehm auf. Und dann fallen auch noch **die** Mütter um, die eigentlich entschlossen waren, nicht zu helfen – denn sie wollen schließlich nicht, daß ihr Kind dadurch Nachteile hat – ein Teufelskreis!

Einüben des Gelernten und Erziehung zu selbständigem Arbeiten durch Hausaufgaben? Klaus Ulich, Professor für Schulpsychologie an der Universität München, beantwortet die Frage so:

„Offensichtlich tragen Hausaufgaben eher zur Isolation, Abhängigkeit und auch Hilflosigkeit von Schülern bei. Diese Tendenz macht sich besonders bei jenen Schülern bemerkbar, die schulische Leistungsschwierigkeiten haben und deshalb für die Erledigung der Hausaufgaben mehr Zeit und Energie einsetzen müssen als ‚gute‘ Schüler.“

Halten wir also fest: Die positiven Auswirkungen von Hausaufgaben sind mehr als fragwürdig.

Daneben aber betonen die Kritiker noch einige negative Auswirkungen:

Schulkinder sind überlastet

Da ist einmal der Zeitaufwand. Viele Schulkinder haben – mit Unterricht, Weg und Hausaufgaben – einen Arbeitstag, der länger ist als der von Erwachsenen. Und das, obwohl das Bedürfnis nach Bewegung, die Notwendigkeit von Spiel und Entspannung bei ihnen sehr viel größer sind. Viel länger also, als ihnen gut tut, werden sie gezwungen, ohne Möglichkeiten zu ausgreifender Bewegung in einer Körperhaltung zu verharren, die ihnen schadet. Denn Orthopäden betonen, daß langes Sitzen auf Stühlen am Tisch für Kinder ungünstig ist. Die Folge: Haltungsschäden und immer mehr Kinder, die man mit einem Modewort als „hyperaktiv" bezeichnet. Wahrscheinlich gäbe es viel weniger störend „kribbelige" Schulkinder, wenn sie weniger stillsitzen müßten, mehr Gelegenheit hätten, sich auszutoben.

Nun gibt es, um der Überlastung von Kindern durch Hausaufgaben vorzubeugen, in einigen Bundesländern zeitliche Richtwerte, die nicht überschritten werden sollen. In Berlin zum Beispiel sieht das so aus:

„Der Umfang der Hausaufgaben ist so zu bemessen, daß bei durchschnittlichem Arbeitstempo der Klasse oder Lerngruppe

in der Klassenstufe 1	15 Minuten tägliche Arbeitszeit,
in der Klassenstufe 2	30 Minuten tägliche Arbeitszeit,
in der Klassenstufe 3 und 4	45 Minuten tägliche Arbeitszeit,
in der Klassenstufe 5 und 6	60 Minuten tägliche Arbeitszeit,
in der Klassenstufe 7 bis 9	90 Minuten tägliche Arbeitszeit,
in der Klassenstufe 10	120 Minuten tägliche Arbeitszeit

nicht überschritten werden."

Für Grundschüler (Klasse 1 bis 4) ergäbe das also eine durchschnittliche zulässige Arbeitszeit von gut 30 Minuten.

Nach einer Elternbefragung von 1985 kommen damit aber nur 21 % aller Grundschüler aus. 47 % sitzen bis zu einer Stunde, 30 % ein bis zwei Stunden und 2 % noch länger (nach Ulich).

Was also nutzen solche Normen, wenn sie nicht eingehalten werden? Und wer ist dafür verantwortlich?

Lehrer scheinen die Zeit, die die Kinder für die Hausaufgaben brauchen, fast regelmäßig zu unterschätzen. Und auch Eltern sind oft so sehr von der Notwendigkeit der Hausaufgaben überzeugt, daß sie nicht genug auf die gesundheitlichen Gefahren achten, die dabei entstehen.

Außerdem ist ja da immer noch die Formulierung vom „durchschnittlichen" Arbeitstempo. Und der Trugschluß ist dann leicht der: Wenn mein Kind länger braucht, als die Lehrerin als durchschnittliche Zeit annimmt, dann ist mein Kind sicher besonders langsam. Also muß es mehr üben, damit es schneller wird. Das heißt: Weil es zu lange sitzt, muß es noch länger sitzen!

Wenn Sie den Mut hätten, mit anderen Eltern über diesen Punkt zu reden, würden Sie wahrscheinlich feststellen, daß auch an Ihrer Schule zu viele Kinder viel zu lange an den Hausaufgaben sitzen!

Belastung der Familie

Ein weiteres Argument gegen Hausaufgaben ist, daß sie die Familie in unzumutbarer Weise belasten.

Daß die Mütter dadurch zwangsweise zu Hilfslehrerinnen gemacht werden, daß sie sich oft gezwungen fühlen, sich anders zu verhalten, als sie eigentlich möchten, wird Thema des nächsten Kapitels sein. Aber auch sonst haben die Hausaufgaben einen großen Einfluß auf den Tagesablauf der Familie.

- Nachmittags ins Schwimmbad gehen? „Erst müssen die Hausaufgaben gemacht werden.“
- Kindergeburtstag feiern? Lieber am Wochenende, da gibt es keine Hausaufgaben.
- Der kleine Bruder will mittags nicht schlafen? Er muß aber, sonst hat die Schwester keine Ruhe für die Hausaufgaben.

Wieviel Familienstreit mag sich wohl tagtäglich an diesem leidigen Thema entzünden.

„Hausaufgaben sind Hausfriedensbruch“, haben deshalb zornige Mütter formuliert.

Keine Chancengleichheit

Nun haben wir bis hierher so getan, als seien die Mütter selbstredend nachmittags zu Hause, um die Hausaufgaben der Kinder zu beaufsichtigen. Müßten sie auch, wenn alles so laufen sollte, wie die Schule es anscheinend erwartet. Diesen Vorstellungen zum Trotz aber gibt es auch viele Mütter, die sind ganztags berufstätig. Sie können sich zwangsläufig nicht so intensiv um die Hausaufgaben kümmern. Und viele Kinder leben auch unter häuslichen Verhältnissen, die das regelmäßige Anfertigen von Hausaufgaben sehr erschweren – sie haben kleinere Geschwister, bei deren Betreuung sie helfen müssen, zu kleine Wohnungen ohne einen ruhigen Arbeitsplatz, ständigen Elternstreit und Trennungsprobleme oder andere Sorgen und Kümmernisse. Lehrer wissen über diese Bedingungen, unter denen Kinder zu Hause arbeiten, meist herzlich wenig. Aber sie erwarten von allen Kindern die gleichen Leistungen. Das ist sehr ungerecht. Deshalb wird auch oft gesagt, Lehrer, die Hausaufgaben zensieren, die zensieren damit den Eifer und Einsatz der Mütter. Und der Leistungsunterschied zwischen Kindern mit guten und solchen mit weniger guten häuslichen Arbeitsbedingungen wird dadurch immer größer.

Hausaufgaben abschaffen?

Soviel zu den Argumenten für und gegen Hausaufgaben. Ich will es nicht leugnen – ich sähe sie lieber heute als morgen abgeschafft. Das ist nicht nur meine Konsequenz aus all den pädagogischen Erörterungen, die ich hier wiedergegeben habe.

Das ist auch die Folge eigener Erfahrungen mit drei inzwischen erwachsenen Kindern.

Was mich bedrückt ist die Tatsache, daß noch zu viele Eltern Hausaufgaben für eine Selbstverständlichkeit halten;

daß manche Eltern glauben, Lehrer, die wenig oder keine Hausaufgaben aufgeben, seien nur zu faul, sie nachzusehen;

daß viele Eltern, die Hausaufgaben als große Belastung ansehen, sich nicht trauen, das laut zu sagen, weil andere sie sonst für nachlässige oder pflichtvergessene Eltern halten könnten.

Ich wünsche mir auf noch viel mehr Elternversammlungen viele heftige Debatten über das Für und Wider, das Wie und Wie lange von Hausaufgaben.

Ich mache mir da allerdings keine Illusionen – so leicht ist dieser alten Tradition mit noch so guten Argumenten nicht beizukommen, dazu müssen Sie alle noch viel beitragen!

Weniger ist mehr

Aber wenn schon Hausaufgaben auch weiterhin zum Familienalltag gehören werden, sollten wir uns wenigstens dafür stark machen, daß sie anders, daß sie sinnvoller werden. Das bedeutet als erstes: Es muß weniger Hausaufgaben geben. Zum einen, damit unsere Kinder genug Zeit zum Spielen und Herumtoben haben. Zum anderen, weil der Spruch „viel hilft viel“ in der Pädagogik ebensowenig stimmt wie in der Medizin. Denn Aufgaben, die man mit Widerwillen und Überdruß erledigt, haben keinen Lerneffekt. Deshalb ist ein Satz, langsam und aufmerksam gelesen, effektiver als eine ganze, mühsam zusammengestotterte Seite. Deshalb ist eine Aufgabe, die wirklich verstanden wurde, effektiver als drei Rechenpäckchen, die wegen Arbeitsüberlastung vom Nachbarn abgeschrieben wurden.

Gerade diese „Rechenpäckchen“, diese Abschreibübungen, diese stupiden Drill- und Paukaufgaben sind es, die den Schülern am meisten zum Hals heraushängen, und die auch den geringsten Lerneffekt haben.

Sinnvolle Hausaufgaben

Sinnvolle Hausaufgaben sollten den Kindern helfen, einen Bezug herzustellen zwischen dem, was sie in der Schule lernen, und der Wirklichkeit, in der sie leben.

Ich versuche mich an Hausaufgaben zu erinnern, die meine Kinder gern gemacht haben, und bei denen auch nachprüfbar „etwas hängengeblieben“ ist.

Einmal sollte eines von den Türschildern in der Straße Namen abschreiben, weil die Lehrerin mit ihnen über die Herkunft von Namen reden wollte. Ein anderes Mal – im Herbst – haben sie Blätter von verschiedenen Bäumen gesammelt und aufgeklebt, um sie dann im Unterricht zu bestimmen. Oder sie haben mit einem Kassettenrecorder auf der Straße Passanten darüber interviewt, ob sie rauchen, wenn ja, warum und bei welchen Gelegenheiten, wenn nein, warum nicht. Und im Unterricht haben sie das dann ausgewertet.

In diesen drei Beispielen wurde Material für eine systematische Behandlung vorher von den Kindern zusammengetragen. Das macht die Behandlung lebensnäher.

Eine andere Möglichkeit ist, daß die Kinder das, was sie gelernt haben, praktisch anzuwenden versuchen. Sie können sich gegenseitig Briefe schreiben, die der Adressat dann lesen muß. Sie können versuchen, aus Dingen, die man im Haushalt findet, eine Trommel herzustellen. Oder sie können in Geschäften Beispiele dafür sammeln, wie Produkte überflüssigerweise gleich mehrfach verpackt werden.

Alle diese Beispiele haben eines gemeinsam: Sie zwingen Kinder nicht zum langen Stillsitzen, sie lassen Raum für Phantasie und Kreativität, und sie machen Spaß! Und nur was man mit Spaß lernt, das bleibt auch hängen!

Wünschenswert wäre es auch, wenn nicht alle Kinder die gleichen Aufgaben bekämen, sondern wenn sie auf unterschiedliche Interessen und Fähigkeiten oder auf unterschiedliche Lebensverhältnisse abgestimmt würden.

Bei uns ist es oft so, daß die Kinder zu Hause zu Ende führen müssen, was in der Schule nicht geschafft wurde. Wer also sehr viel Mühe hat, sehr langsam ist, der muß zu Hause sehr viel länger sitzen. Das strengt ihn zu sehr an und macht ihn des Lernens überdrüssig. Pädagogisch sinnvoller wäre es, wenn ein Kind, das mit einer Sache noch große Mühe hat, weniger zu tun bekäme – denn weniger wäre hier eben mehr!

Das Kind, das zu Hause einen Hasen hat, kann nachmessen, wie groß er ist und was er wiegt. Wer in der Nähe eines Teiches wohnt, weiß wahrscheinlich eher, wie Froschlaich aussieht und wo man ihn findet. Gerade, wer noch ungern schreibt, kann vielleicht mal versuchen, ein Kreuzworträtsel zu entwickeln.

Aber Hausaufgaben so auf individuelle Bedürfnisse und Interessen abzustimmen, das macht Lehrern viel Mühe. So viel, daß sie das unmöglich jeden Tag für alle tun können. Wie schön, dann bekommen immer nur wenige etwas auf, und die anderen haben einen freien Nachmittag. Auf diese Weise schlüge man zwei Fliegen mit einer Klappe!

Bei den Hausaufgaben, wie ich sie mir wünsche, und ich bin da in bester pädagogischer Gesellschaft, wäre auch mütterliche Hilfe viel weniger vonnöten. An Aufgaben, die Spaß machen, denkt man auch allein. Solche Aufgaben werden auch besser verstanden.

Helfen oder nicht?

Aber kommen wir von unseren Wunschträumen zurück zur oft recht tristen Alltagswirklichkeit. Sollen wir den Kindern nun bei den Hausaufgaben helfen oder nicht?

Sie sollten keinem Kind, das allein arbeiten möchte, Hilfe aufdrängen. Etwas Besseres kann es sich und Ihnen gar nicht antun. Sie sollten seine Arbeiten auch nicht kontrollieren, wenn es das nicht will. Diese frühe Eigenständigkeit mag bei unverständigen Lehrerinnen jetzt vielleicht mal von Nachteil sein, aber in höheren Klassen zahlt sie sich bestimmt aus! Denn in nicht allzu ferner Zukunft beschäftigt sich Ihr Kind in der Schule mit Dingen, die Sie seinerzeit nicht gelernt haben – da muß es ohne Sie auskommen.

Sinnvolle Hilfe

Aber nehmen wir an, Ihr Kind kommt mit einer Aufgabe nicht zurecht, es bittet Sie um Hilfe.

- „Wieviel ist 16 mal drei?"

  Sagen Sie nicht 48, versuchen Sie herauszufinden, wie Ihr Kind an die Aufgabe herangeht und warum es nicht zum richtigen Ergebnis kommt.
- „Ist ein Huhn ein Säugetier?"

  Sagen Sie nicht „nein", fragen Sie Ihr Kind, nach welchen Merkmalen es das feststellen könne. Erinnern Sie es an Hühnereier und kleine Kücken, die es schon mal gesehen hat.
- Lösen Sie nicht Probleme für das Kind, helfen Sie ihm auf den richtigen Gedankenweg, damit es sie selbst lösen kann.
- Wenn es die Methode der Lehrerin nicht richtig verstanden hat – versuchen Sie nicht, ihm die Sache „richtig" beizubringen, nämlich so, wie Sie selbst es gelernt haben. Das stürzt das Kind oft in heillose Verwirrung. Lieber soll es in der Schule noch einmal nachfragen.
- Verlangen Sie nicht, daß das Kind seine Arbeiten nach Ihren Maßstäben anfertigt. Was ordentlich, ordentlich genug, zu unordentlich ist, sollte es selbst entscheiden dürfen. Wenn die Lehrerin mit seinen Maßstäben nicht einverstanden ist, soll sie ihm das selbst sagen.
- Verlangen Sie nicht, daß etwas noch einmal sauber abgeschrieben wird, weil ein paarmal verbessert oder durchgestrichen wurde. Die Lehrerin soll ruhig sehen, wieviel Mühe das Ganze gemacht hat und wo die Unsicherheiten liegen.
- Wenn Ihr Kind als Niederschrift unbedingt eine „Blödsinnsgeschichte" schreiben will, ist das seine Sache, auch wenn Ihnen eine ernsthafte Behandlung des Themas angemessener erscheint.
- Nur an einer Stelle sollten Sie rigoros eingreifen: Wenn Ihr Kind zu lange und schon ganz verzweifelt über seinen Aufgaben brütet – lassen Sie es aufhören und machen Sie einen Vermerk darüber in sein Heft. Kommt das häufiger vor, sollten Sie mit der Lehrerin darüber reden – allein, oder – noch besser – beim Elternabend.

Wann Hausaufgaben machen?

Und wann soll, muß, darf das Kind seine Aufgaben machen? Erst ausruhen und dann mit frischer Kraft, oder „erst die Arbeit, dann das Vergnügen"?

Auch darüber sollte es im Prinzip selbst entscheiden dürfen. Erfahrungsgemäß halten sich Kinder an eine Norm, die sie sich selbst gesetzt haben, leichter als an eine, die ihnen ein anderer vorschreibt. Lieber freiwillig um sieben als gezwungen um zwei. Selbst die Erfahrung, daß man vielleicht nicht fertig wird, wenn man zu spät anfängt, muß es zunächst selbst machen.

Mütter bestehen oft darauf, daß die Aufgaben gleich nach der Schule gemacht werden, damit der Rest des Nachmittags frei ist oder weil in dieser Zeit die Geschwister schlafen. Aber zwischen eins und drei haben die meisten Menschen ein Leistungstief. Erst recht, wenn sie davor einige Stunden bei anstrengender Arbeit verbracht haben – und Schule ist anstrengend! Von der körperlichen Verfassung her ist die Zeit zwischen vier und sechs günstiger, aber das ist oft die Zeit von Fußballtraining oder Flötenunterricht, die Zeit, in der in vielen Familien der Vater nach Hause kommt und zu Abend gegessen wird. Und da sollen diese unangenehmen Sachen erledigt sein. Was also tun?

Tragen Sie alle Argumente zusammen und lassen Sie Ihr Kind entscheiden, oder probieren Sie gemeinsam aus, wie Sie am besten zurechtkommen.

Keine Strafarbeiten!

Zum Schluß noch ein paar Worte über eine Sorte Hausaufgaben, die es eigentlich gar nicht geben darf.

In den Berliner Ausführungsvorschriften für das Erteilen von Hausaufgaben heißt es:
„Als Strafe oder als Mittel zur Wahrung der Disziplin sind Hausaufgaben pädagogisch nicht vertretbar und daher unzulässig."

Diesen Satz weiß ich auswendig. Einer meiner Söhne hat ihn einmal in sein Heft geschrieben – an Stelle der Schulordnung, die er wegen eines Verstoßes dreimal abschreiben sollte. Das gab einen ziemlichen Aufstand, aber ich habe ihm den Rücken gestärkt. Denn auch ich finde Strafarbeiten unpädagogisch. Was man gern tun soll, und lernen soll man ja wohl gern, das darf man nicht zur Strafe tun müssen.

Daran ändert sich auch nichts, wenn diese Strafarbeit in allerlei Verkleidungen einherkommt, als „Übungsarbeit", „Zusatzaufgabe", „Nacharbeit für im Unterricht durch Unaufmerksamkeit Versäumtes".

Glauben Sie, daß ein Kind die Schulordnung besser versteht, wenn es sie dreimal hintereinander abschreibt?

Glauben Sie, daß sich das Verhältnis zwischen Schülern und Lehrerin verbessert, wenn die jede vergessene Hausaufgabe zum nächsten Tag verdoppelt?

Ich kann auch noch einmal einen Pädagogen zitieren: „Hausaufgaben, sei es nun als Individual- oder gar als Kollektivstrafe, sind ein Armutszeugnis für den Lehrer und eine Bankrotterklärung für den Pädagogen." (Boßmann nach Ulich)

Dem ist nichts hinzuzufügen.

Mütter als Hilfslehrerinnen?

Eltern = Mütter

Liebe Eltern! So beginnt wahrscheinlich jeder Brief, den Sie von der Schule bekommen. Sie erfahren etwas über Elternrechte, werden zur Elternversammlung oder zum Elternsprechtag eingeladen. Wenn Sie sich informieren wollen, können Sie ein Elternseminar besuchen oder einen Elternratgeber kaufen.

Eltern, das sind Väter und Mütter, beide sollen gleichermaßen Partner der Schule bei der Erziehung der Kinder sein. Wer aber fühlt sich durch diese Anrede angesprochen? Die Mütter!

Immer mehr Mütter erziehen ihre Kinder allein, sind sozusagen „Eltern im Singular".

Aber auch wo der Vater in der Familie lebt, hat er mit den alltäglichen Erziehungsgeschäften meist wenig zu tun. Für die Versorgung der Kleinkinder ebenso wie für die alltäglichen Schulprobleme sind bei uns immer noch vorwiegend die Mütter zuständig.

- Die Mütter sorgen dafür, daß die Kinder morgens pünktlich zur Schule kommen.
- Die Mütter tragen die vergessenen Turnbeutel in die Schule.
- Die Mütter kümmern sich um die Hausaufgaben, hören sich die Sorgen der Kinder an, verhandeln mit der Lehrerin.
- Die Mütter gehen meistens zu den Elternabenden.
- Die Mütter sind es auch vorwiegend, die Elterngruppen besuchen und Elternratgeber lesen.

Mütter sind Fachleute

Dabei ist das Maß an Informiertheit in Schulangelegenheiten, das heute von Eltern – also vorwiegend von Müttern – erwartet wird, das sie auch von sich selbst erwarten, in den letzten Jahren gewaltig gestiegen. Schule wird sehr wichtig genommen. Mütter wollen die Chancen ihrer Kinder, mit Erfolg durch die Schule zu kommen, erhöhen. Sie wollen auch Einfluß auf die Schule nehmen, um die Bedingungen für die Kinder zu verbessern.

Durch dieses hohe Maß an Engagement sind die Mütter auch zu Fachfrauen in Sachen Schule und Lernen geworden. Sie wissen in etwa, was die Kinder wann lernen und können sollen. Sie wissen aber auch viel über die kindlichen Schwierigkeiten beim Lernen, haben Erfahrungen darin, welches Lehrerverhalten den Kindern hilft und welches sie bremst oder verstört. Sie erleben hautnah die psychischen Wirkungen von Lob und Tadel, von Zensuren und Zeugnissen.

Die Rolle der Väter

Ich will nicht behaupten, Väter kümmerten sich überhaupt nicht um die Schule. Viele Väter fragen abends nach, ob mit der Schule alles klargeht, lassen sich vielleicht auch die Hausaufgaben vorzeigen. Die Väter mahnen, schelten, fordern, schildern die harte Wirklichkeit auf dem Arbeitsmarkt. Sind sie mit den Leistungen der Kinder nicht zufrieden, kriegt die Mutter leicht mit ihr Fett ab: „Wie kann man in der heutigen Situation nur so nachlässig sein!"

Wenn ein besonderes Problem ansteht, gehen Väter auch mit zum Elternabend. Sie sind dort meistens in der Minderheit. Trotzdem ist es immer wieder erstaunlich, wie schnell sie das große Wort führen, mal klarstellen, was Sache ist, den Gang der Diskussion bestimmen. Ein anwesender Vater wird auch leichter zum Elternvertreter gewählt.

Väter kümmern sich also mehr um die großen Probleme und Perspektiven, Mütter um den „täglichen Kleinkram". Väter geben die Richtung an, der „lange Marsch" ist Sache der Mütter. Sagen Sie mir nicht, das ginge nicht anders, weil die meisten Väter ja schließlich ganztags arbeiten. Das trifft für viele Mütter ebenso zu, und meine Darstellung stimmt oft auch, wenn beide Eltern voll berufstätig sind.

Ist es bei Ihnen zu Hause anders? Fühlen Sie sich als Vater von mir falsch dargestellt? Dann gehören Sie zu einer kleinen Minderheit, und ich bitte Sie zum Entschuldigung. Aber im jahrzehntelangen Umgang mit Müttern und Vätern hat sich da bei mir einiges angestaut.

Dabei wäre es so schön, wenn da, wo ein Kind zwei Elternteile hat, beide partnerschaftlich zusammenarbeiten würden. Zu zweit trägt man manches Päckchen leichter als allein, zwei Augenpaare sehen mehr als eines, und auch so mancher Gefühlsmüll läßt sich in gemeinsamer Arbeit leichter entsorgen. Dann müssen aber auch beide den täglichen Kleinkram partnerschaftlich teilen, damit beide gleich gut wissen, worum es geht und wo die Schwierigkeiten liegen. Väter, die dazu nicht bereit sind, sollen sich lieber ganz heraushalten und auch die großen Perspektiven und Entscheidungen den Müttern überlassen.

So, das mußte mal gesagt werden!

Mütter helfen heimlich

Leider entspricht das Selbstbewußtsein vieler Mütter nicht dem, was sie wissen und können, entspricht nicht dem Einfluß, den sie auf das Schulschicksal ihrer Kinder haben, auf die Schule als Ganzes haben könnten.

Viele Mütter tun ihre Arbeit für die Schule heimlich, oft noch mit schlechtem Gewissen. Denn in den meisten Bestimmungen über Hausaufgaben zum Beispiel steht, daß die Kinder sie ohne die Hilfe Erwachsener anfertigen sollen. Wenn aber das eigene Kind das nicht kann, dann helfen die Mütter zwar – und das oft täglich –, sagen das aber nicht laut, weil es ja eigentlich nicht sein soll und weil viele auch richtig erkennen, daß es eigentlich pädagogisch unsinnig ist.

Aber über das Thema Hausaufgaben habe ich ein eigenes Kapitel geschrieben, will es deshalb hier vernachlässigen.

Doch auch an die richtigen Hefte zur richtigen Stunde, an das Mitbringen von Turnbeuteln und Malutensilien sollen Kinder, glaubt man den Lehrerinnen, eigentlich allein denken. Und jede Mutter, die mit dem Turnbeutel in der Schule erscheint, tut das verstohlen, um möglichst nicht gesehen zu werden. Sie hat vielleicht sogar ein schlechtes Gewissen, weil sie ihn dem Kind nicht schon an der Wohnungstür in die Hand gedrückt hat.

Viele Mütter geraten häufig in eine Zwickmühle zwischen ihrem pädagogischen Sachverstand und den Forderungen der Schule oder auch der Väter. Und oft finden sie daraus nur heimliche Auswege.

- Sie nehmen ihren Kindern heimlich einen Teil der stumpfsinnigen Rechenaufgaben ab;
- sie schreiben einen Entschuldigungszettel, wenn die Tochter zu große Angst vor einer Arbeit hat;
- sie „vergessen" den Stubenarrest, den der Vater wegen schlechter Zensuren verhängt hat;
- sie kaufen heimlich den verbummelten Füllhalter nach;
- sie trösten und raten und versprechen dabei, weder dem Papa noch der Lehrerin etwas davon zu erzählen.

Und halten sich dabei womöglich noch für schwach und inkonsequent. Das sind sie ja letztlich auch, aber anders, als sie glauben. Sie handeln nach ihrem Gefühl, haben aber weder die klar formulierbaren Argumente noch das Selbstbewußtsein, um ihren Standpunkt laut und offensiv auch gegen die Schule und gegen die Väter zu vertreten. Ihnen dazu zu verhelfen, versuche ich mit diesem Kapitel zu erreichen.

Die Ansprüche der Schule

Die Schule und die Lehrerinnen neigen dazu, ein hohes Maß an mütterlicher Zuarbeit stillschweigend vorauszusetzen. Dabei behandeln sie die Mütter oft nicht als gleichberechtigte Partnerinnen mit eigenen Einsichten und Meinungen. Sie geben an, was zu tun ist, und viele Mütter tun es stillschweigend. Oft fühlen sie sich dabei, als wären sie selbst noch einmal in die Schule gekommen.

Ein großer Teil der mütterlichen Zuarbeit wird offiziell überhaupt nicht zur Kenntnis genommen. Alle wissen, daß Mütter jeden Nachmittag als Hilfslehrerinnen tätig sind, tun aber so, als gäbe es das nicht. Oder sie sehen es zwar, erklären aber, ohne die mütterliche Hilfe könnten sie das Pensum nicht schaffen.

Hat ein Kind etwas nicht verstanden, hat es besondere Schwierigkeiten oder durch Krankheit etwas aufzuholen, dann muß die Mutter als Nachhilfelehrerin einspringen. Klagt die Lehrerin über das Verhalten des Kindes, soll die Mutter das durch Gespräche in Ordnung bringen.

Sie muß aber auch noch die Schulfolgen im Gefühlsleben des Kindes aufarbeiten – muß die Wut auffangen, die es auf Lehrerin oder Mitschüler hat, muß dahinterkommen, worin die allmorgendlichen Bauchschmerzen begründet sind, muß erklären, trösten, ermutigen.

Viele Mütter geben sogar schweren Herzens ihren Beruf auf oder schieben den Wiedereinstieg noch ein paar Jahre hinaus, um dem Kind in den ersten Schuljahren besser helfen zu können.

„Schadet meiner Mutter gar nichts!“

Dabei tun wir unseren Kindern gar keinen Gefallen, wenn wir sie mit so viel Einsatz durch ihre Schulzeit schieben, ziehen, treten. Aus diesem hohen Maß an mütterlichem Engagement ziehen sie leicht den Schluß, daß sie uns zuliebe in die Schule gehen, daß es unser Interesse ist, wenn sie sich in der Schule Mühe geben, daß sie uns bestrafen können, wenn sie schlechte Zensuren nach Hause bringen – so etwa nach dem Motto: „Schadet meiner Mutter gar nichts, wenn ich dumm bleibe.“ Sie erleben Schule nicht als eigene Angelegenheit.

Anderes kommt zu kurz

Wenn die Schule auf diese Weise auch noch den halben Nachmittag mit beansprucht, dann kommt zu Hause einiges zu kurz. Wie oft haben Sie schon zähneknirschend den Abwasch allein erledigt, weil Ihr Sohn noch für's Diktat üben mußte, oder das Meerschweinchen der Tochter saubergemacht, damit sie nach den vielen Hausaufgaben noch ein bißchen Zeit zum Spielen hat?

Dabei findet Lernen nicht nur in der Schule statt. Kinder müssen auch lernen, in der Gemeinschaft, in der sie leben, Mitverantwortung zu tragen, kleine Pflichten selbständig zu übernehmen. Sie sollen sich darin üben, den richtigen Klebstoff für die Modellautos allein zu besorgen oder allein ein Buch in der Stadtbücherei auszuleihen. Das ist mindestens genau so wichtig wie das Lernen in der Schule. Nehmen wir den Kindern dies alles ab, weil sie ja schon mit der Schule so belastet sind, halten wir sie abhängig, lassen sie nicht erfahren, was sie schon alles können.

Insbesondere alleinerziehende und ganztags berufstätige Mütter sind darauf angewiesen, daß ihre Kinder vieles selbst erledigen und einen Teil der Haushaltsaufgaben übernehmen. Den Kindern bekommt das eher gut. In Untersuchungen zeigte sich, daß sie oft selbstsicherer und früher selbständig sind als andere Kinder. In den Augen der Schule aber erscheint das oft als Nachteil und die Mutter, die Haushaltshilfe von ihrem Kind erwartet, als Rabenmutter, weil sie das Kind überfordert. Ist es nicht eher die Schule, die überfordert? Könnte man dafür nicht lieber die sinnlosen Hausaufgaben streichen?

Nicht für alles zuständig

Oft erwartet die Lehrerin auch etwas, was die Mutter gar nicht leisten kann. Hapert es zum Beispiel in der Schule an den

... Hier bring ich dir noch SEHR interessantes Material über die italienische Renaissance!

notwendigen „Arbeitstugenden", soll die Mutter das zu Hause in Ordnung bringen. Sie soll dafür sorgen, daß ihr Kind in der Schule stillsitzt, nicht schwatzt, Ordnung in seiner Mappe hält, seine Hefte nicht beschmiert oder verbummelt, seinen Banknachbarn nicht schubst. Liegt es mit einer dieser Verhaltensweisen in der Schule im argen, erfährt das die Mutter durch einen Brief oder eine Notiz im Mitteilungsheft. „Sorgen Sie bitte dafür, daß Ihre Tochter in Zukunft ..." Aber wie soll sie das machen? Wie soll sie zu Hause wirksam Einfluß mehmen auf etwas, was in der Schule passiert – unter Bedingungen, die sie kaum kennt? Und wo bleibt die Gleichberechtigung der Erziehungspartner, wenn die einen fordern und anordnen und die anderen stillschweigend ausführen? Eine erzürnte Mutter hat einmal als Antwort auf so eine Mitteilung versucht, den Spieß umzudrehen. Ich fand diesen Briefwechsel in einem Artikel in der Frankfurter Rundschau. Die Lehrerin schrieb:

„Sehr geehrte Frau K.,

hiermit muß ich Ihnen leider mitteilen, daß Ihr Sohn Alexander im Monat September im Mathematik-Unterricht

○ *häufig Heft oder Bücher vergessen hatte*
○ *häufig zu spät in den Unterricht kam.*

Da es für Ihr Kind sehr wichtig ist, den neuen Stoff im Unterricht mit zu erarbeiten und dann zu Hause das Neugelernte in den Hausaufgaben selbständig anzuwenden, bitte ich Sie, mit Alexander über sein Arbeitsverhalten in diesem Monat zu sprechen, um größere Lücken und ein Absinken der Note zu vermeiden.

Falls Sie mit mir darüber sprechen wollen, bitte ich Sie, über Ihr Kind einen Termin mit mir auszumachen oder mich anzurufen. Meine Telefonnummer ist: ...

Hochachtungsvoll

W.

Darauf antwortete die Mutter:

Sehr geehrte Frau W.,

hiermit muß ich Ihnen mitteilen, daß Ihr Schüler Alexander im Monat September im häuslichen Bereich

○ *häufig das Zimmer nicht aufgeräumt hat*
○ *häufig die Kleider abends nicht auf den Stuhl gelegt hat*
○ *häufig die Zähne nicht geputzt hat*
○ *häufig den Vogel nicht gefüttert hat.*

Da es für Ihren Schüler sehr wichtig ist, den neuen Stoff an Hygiene- und Sozialverhalten zu Hause zu erlernen und dann in anderen Institutionen das Neugelernte selbständig anzuwenden, bitte ich Sie, mit Alexander über sein häusliches Verhalten in diesem Monat zu sprechen, um größere Probleme und allgemeinen Ärger mit mir zu vermeiden.

Falls Sie mit mir darüber sprechen wollen, bitte ich Sie, über Ihren Schüler einen Termin mit mir auszumachen oder mich anzurufen. Meine Telefonnummer ist: . . .

Hochachtungsvoll

K.

Hätten Sie auch manchmal Lust, so einen Brief zu schreiben? Mal im Ernst: Ebensowenig, wie die Lehrerin dafür sorgen kann, daß Ihr Kind sich zu Hause die Zähne putzt, können Sie dafür sorgen, daß es sich in der Schule anständig benimmt. Wie sollen Sie wissen, warum es so oft verspätet in den Unterricht geht, wenn Sie nie dabei sind? Sie müssen es zu Hause darüber ausfragen, was ihm in der Pause so viel mehr Spaß macht, was ihm am Mathematikunterricht so sehr mißfällt. Und wahrscheinlich werden Sie ihm pflichtschuldig ins Gewissen reden. Nutzen wird es wahrscheinlich wenig.

Importierter Ärger

Aber daß Sie auf Anweisung der Schule nun auch noch zu Hause damit anfangen, vergiftet die häusliche Atmosphäre. Sie möchten sich freuen, daß Sie Ihr Kind endlich wiedersehen, möchten mit ihm schwätzen oder spielen, es sich zusammen gemütlich machen. Statt dessen sollen Sie mit ihm über Probleme reden, die die Lehrerin mit ihm hat. Sie schimpfen und traktieren es außerdem noch mit Übungen, die wenig nutzen, aber viel Mühe machen.

Vielleicht ärgern Sie sich aber auch über Ihr Kind – weil es Ihnen Ärger mit der Schule einbringt, anstatt Ihre Nerven zu schonen, indem es sich unauffällig benimmt. Dann geben Sie also den Druck, den die Lehrerin auf Sie ausübt, nach unten an Ihr Kind weiter. Ist das gerecht?

Die Sicht des Kindes verstehen

Aus der Sicht der Kinder muß das so wirken, als steckten Mutter und Lehrerin unter einer Decke.

Warum tut die Mutter immer, was die Lehrerin sagt?

Warum hält sie immer zur Lehrerin?

Was antworten Sie, wenn Ihr Kind über die Lehrerin schimpft? Versuchen Sie ihm seine Wut zu verbieten oder auszureden? Schlagen Sie sich auf die Seite der Lehrerin, selbst wenn Sie sich insgeheim über sie ärgern? Oder versuchen Sie auch mal ganz einseitig die Position des Kindes zu verstehen? Wer soll das sonst tun, wenn nicht Sie?

Kinder brauchen das Gefühl, daß da jemand wirklich verläßlich auf ihrer Seite steht. Kinder brauchen oft dringend jemanden, bei dem sie ihre Wut, ihre Enttäuschung, ihren Ärger über die Schule, über die Lehrerin, über die anderen Kinder abladen können, auch wenn das, was sie erzählen, nicht immer objektiv und ausgewogen ist. Sind Sie immer objektiv, wenn Sie sich über jemanden geärgert haben?

Aber es hilft schon viel, wenn man mal ungehemmt schimpfen darf, ohne fürchten zu müssen, daß man zurechtgewiesen oder verpetzt wird. Hinterher ist dann vielleicht auch eher ein sachliches Gespräch möglich.

Partei für das Kind zu ergreifen heißt ja nicht, daß man ihm immer in allem recht geben muß. Aber es muß das Gefühl haben können, daß seine Empfindungen, seine Argumente mindestens genau so wichtig genommen werden wie die der Lehrerin. Wenn es sich zum Beispiel ungerecht behandelt fühlt, dann können Sie ihm sein Gefühl nicht wegreden, denn es ist da. Dann braucht es auch Verständnis und Trost. Sie können ihm anbieten, seine Sicht des Problems mit der Lehrerin zu besprechen, wenn nicht gar ein Gespräch zu dritt ratsam ist. Die Lehrerin wird ihre Position recht gut allein vertreten können. Ihr Kind braucht dabei noch Ihre Hilfe.

Aber auch wenn Sie allein mit der Lehrerin reden, sollten Sie Ihr Kind immer darüber informieren, was Sie mit ihr besprechen wollen oder besprochen haben. Und was im Vertrauen erzählt wurde, was Sie nicht weitersagen sollen, das dürfen Sie nicht weitersagen, selbst wenn Sie meinen, es sei für das Kind von Vorteil. Denn daß Ihr Kind zu Ihnen Vertrauen hat, daß es Sie auf seiner Seite weiß, daß es sich nicht als hilfloses Objekt einer Eltern-Lehrer-Interessengemeinschaft fühlt, das ist wichtiger als eine gute Beurteilung.

Nicht nur an später denken

Mütter möchten ihren Kindern bei der Bewältigung der Schule helfen. Aber die wichtigste Hilfe ist nicht die bei den Hausaufgaben, nicht die Unterstützung darin, daß sie mit möglichst guten Zensuren einen möglichst guten Abschluß schaffen. Lesen Sie dazu auch das Kapitel „Zensuren und Zeugnisse". Manchmal brauchen Kinder eher Unterstützung gegen die überhöhten Ansprüche der Schule, gegen den Unverstand oder die Ungerechtigkeit einer Lehrerin. Denn über den möglichst guten Chancen, die wir ihnen für später sichern möchten, dürfen wir doch ihr Wohlergehen heute nicht vergessen. Zu diesem Wohlergehen gehört auch:

- viel Zeit zum Spielen und zu körperlicher Bewegung
- viel Gelegenheit zum unbeschwerten Fröhlichsein
- ein anerkannter Platz in der Gemeinschaft
- die Gewißheit, von seinen Eltern bedingungslos geliebt zu werden, so wie man ist.

Deshalb dürfen sich auch die Mütter nicht, ohne nachzudenken, zu „Trittbrettfahrern" der Lehrerinnen machen. Denn nicht immer ist das, was die Lehrerin will, zum guten der Kinder, erst recht nicht immer zum guten jedes einzelnen Kindes. Deshalb müssen Mütter sich eine eigene Sicht der Dinge zutrauen und sie auch als Anwältinnen der Kinder selbstbewußt vertreten.

Auch an sich selbst denken

Zum Wohlergehen der Kinder gehört aber auch das Wohlergehen der Mütter. Eine Mutter, die sich aufopfert, kann ihrem

AMIGO

Kind kaum zu unbeschwertem Fröhlichsein verhelfen. Eine Mutter, die sich überfordert fühlt, hin- und hergerissen zwischen unterschiedlichen Ansprüchen, denen sie gleichzeitig gar nicht gerecht werden kann, neigt oft dazu, den Druck nach unten weiterzugeben. Eine Mutter, die ein schlechtes Gewissen hat, kann keine selbstbewußte Anwältin ihres Kindes sein. Deshalb sollten Mütter sich nicht länger einzeln mit ihren Sorgen, ihrem Ärger vergraben.

Es gehört allerdings ein bißchen Mut dazu, bei der Elternversammlung zu fragen:

- Gibt es bei Ihnen zu Hause auch oft Streit wegen der Hausaufgaben?
- Ärgern Sie sich auch über die Bemerkungen im Mitteilungsheft?
- Fühlen Sie sich auch von der Schule überfordert?

Vielleicht gelingt es leichter, wenn Sie sich vorher schon mit anderen Müttern absprechen.

Wenn Sie aber den Mut nicht finden, klar und offen über Ihre Situation und über Ihre Sicht der Dinge zu reden, dann werden Sie auch nichts verändern können. Dann bleibt alles so, wie es ist. Aber so ist es nicht gut.

Ein schöner Traum

Ich möchte zum Abschluß des Kapitels noch einmal den Wunschtraum einer Mutter zitieren, den ich einem Aufsatz in der Zeitschrift „päd. extra" entnommen habe:

„Seit Jahren habe ich einen – bisher unerfüllt gebliebenen – Traum: Ich überrede meine Kinder nicht mehr dazu, zur Schule zu gehen; ich beschimpfe sie nicht mehr, wenn sie die plötzlich notwendig werdenden Korken, Bierdeckel, Wollreste u. ä. nicht rechtzeitig finden; ich kümmere mich nicht mehr um das vergessene Englischbuch und trage keinen Turnbeutel mehr mit verlegen um Entschuldigung bittendem Lächeln zur Schule. Ich pauke weder das große noch das kleine Einmaleins; ich lasse mich nicht mehr einweisen in die Didaktik des Englischunterrichts, noch lasse ich mir beibringen, wie weit meine Kinder die Elektrizität begreifen dürfen und die griechischen Sagen kennen müssen. Die schönste und größte neue Errungenschaft aber ist, daß ich folgende Fragen aus meinem Sprachschatz streiche: „Hast du eine Arbeit geschrieben oder zurückbekommen?" und „Was hast du heute für Hausaufgaben auf?" Ich träume davon, daß die überwiegende Mehrheit der Mütter sich ebenso verhält. Wir alle verwirklichen plötzlich unseren Traum vom Zusammenleben-lernen mit Kindern. Wir ignorieren die Ansprüche der Schule an uns einfach! … Wir würden den Arm um unsere Kinder legen – ganz sicher und locker – und würden laut und herzlich lachen über all die ernsten Anstrengungen, die uns doch gar nichts angehen.

Die erste Zeit wäre für alle sehr schwer, besonders für die Schule: Halbfertige oder gar nicht gemachte Hausaufgaben wären die Folge. Die Sätze „Erkläre mir das doch noch einmal“ oder „Das hab’ ich nicht verstanden“ würden in den Schulgebäuden widerhallen und die Regierung zwingen, die Schule ganz neu zu organisieren: nämlich als Ort des Lernens und Übens. Die Schule wäre gezwungen, nur noch sich selbst zu kontrollieren und nicht mehr das, was die Mütter mit den Kindern zu Hause geübt haben. Die Schule wäre auch gezwungen, ein Heer von Sekretärinnen und Sekretären einzustellen, die den Kindern – zumindest der unteren Klassen – die Ordner führen. Die Lehrkräfte würden wieder lernen, ungelenke Kinderschriften zu entziffern und sich mit der grenzen- und rahmenrichtlinienlosen Phantasie und Kreativität der Kinder auseinanderzusetzen. Frau stelle sich das nur einmal vor: Kein Eselsohr würde mehr klammheimlich ausgebügelt, keine Randbemalung würde mehr gelöscht, kein noch so kleiner, versehentlicher Fehler mehr zum Verschwinden gebracht. Wie interessant, wie farbenprächtig, wie menschlich würde die Schule sein können! Diese neue Platzanweisung täte nicht nur uns und unseren Kindern gut, sondern auch der Schule und den darin arbeitenden Menschen.“

Könnten wir uns nicht zusammentun, um wenigstens ein bißchen davon Wirklichkeit werden zu lassen?

Schluß

So, nun haben Sie womöglich alle Kapitel dieses Buches durchgelesen und fragen sich noch immer:

Wie ernst, wie wichtig ist sie denn nun, die Schule?

Ich will versuchen, die Frage zu beantworten, so wie ich es sehe:

Schule ist für Kinder und Eltern wichtig – aber so wichtig, daß sie Tränen, Streit, Drohungen und Strafen rechtfertigt, ist sie ganz bestimmt nicht.

Zählen wir doch noch einmal auf, was Schule den Kindern für ihr späteres Leben einbringt:

Die Schule vermittelt wichtige Grundkenntnisse. Aber es hat sich herausgestellt, daß die meisten Menschen diese Schulkenntnisse recht schnell vergessen, wenn sie sie später in ihrem Beruf nicht mehr brauchen. Andererseits erwerben sie die wichtigsten beruflichen Kenntnisse erst dann, wenn sie sie im Beruf benötigen.

Kriegen Sie noch den Beweis für den Satz des Pythagoras zusammen? Sie haben es bestimmt gelernt, und es war eigentlich ganz einfach.

Das Zweite, schwerer Wiegende ist: Die Schule vergibt Berechtigungsscheine für höhere oder weniger hohe Qualifikationen. Denn ob Ihr Kind mal Ärztin, Biochemikerin oder Apotheker werden kann, richtet sich weniger nach seinen Befähigungen dazu, als nach den Stellen hinter dem Komma der Abiturnote. Und Eltern gehen oft davon aus, daß das am schwersten zu Erlangende auch das Beste und deshalb für ihr Kind Erstrebenswerteste ist.

Aber Bildungspolitiker sind darüber keineswegs glücklich. Sie stellen fest, daß das Strampeln nach möglichst guten Abschlußnoten die Schüler zum Punkteschinden, aber nicht zum interessierten und entdeckenden Lernen erzieht, daß die Schule dadurch zur „Presse“ wird und eben das, was in vielen Berufen gebraucht wird, nämlich Mündigkeit und kritisches Denken, vernachlässigt.

Damit sind wir beim Dritten und Wichtigsten: In der Schule sollen Kinder das Lernen lernen, die Lust am Lernen und Denken und die Fähigkeit dazu, einem auftretenden Problem selbständig so lange nachzugehen, bis sie eine befriedigende Lösung gefunden haben.

Aber eine Schule, die zur „Presse" für gute Noten wird, kann das nicht vermitteln. Und Eltern, die zu viel Druck auf ihre Kinder ausüben, die verleiden ihnen die Lust am Lernen. Sie halten sie unselbständig und erreichen oft das Gegenteil des Erwünschten, daß die Kinder nämlich, sobald sie etwas selbständiger werden, sich dem Druck entziehen und dann so wenig wie möglich für die verhaßte „Penne" tun oder sie ganz aufgeben.

Aber selbst wenn sie mit ihrem Druck Erfolg haben, erkämpfen sie damit ihren Kindern oft nicht, wie sie glauben, die Eintrittskarte in eine bessere Zukunft, sondern eher eine „Eintrittskarte in die Gruppe der psychisch Geschädigten", wie es der Pädagoge Horst Speichert ausdrückt.

Damit kommen wir zum Vierten, was die Schule den Kindern einbringt: Sie erwerben Einstellungen und Grundhaltungen zum Lernen und zur Leistung, die sie oft lange im späteren Leben beibehalten. Ein Kind, das seine Schulzeit in fröhlichem Optimismus verbringt, weil niemand mehr von ihm verlangt, als es ohne viel Druck auch leisten kann, weil es Ziele, die es sich selbst steckt, auch erreicht, das wird sich auch später unbelasteter an neue Aufgaben heranwagen, durch Mißerfolge weniger leicht umzuwerfen sein.

Auf dieser Basis kann es auch Abschlüsse, die ihm vielleicht fehlen, noch auf dem zweiten Bildungsweg nachholen.

Es gibt also keinen Grund dafür, einem Kind mit dem ständigen Starren auf den angestrebten Schulabschluß heute das Leben schwerzumachen, ihm die Kindheit zu vermiesen, weil es nicht mehr genug Zeit zum Spielen hat.

Und Sie? Können Sie sich nicht auch ein glücklicheres Leben vorstellen als das tagtägliche Ringen um Zensuren mit Methoden, die Ihnen doch selbst oft gemein vorkommen?

Lassen Sie nicht zu, daß die Schule ständig das häusliche Zusammenleben belastet – helfen Sie Ihrem Kind, neugierig, fröhlich und optimistisch durch seine Schulzeit zu marschieren – mehr können Sie auch für seine Zukunft gar nicht tun.

Und grüßen Sie Ihre Kinder von mir.

Quellen

Eine Schule für alle Kinder

Das Märchen ist entnommen aus: Integration, Dokumentation der Fachtagung „Behinderte und nicht behinderte Kinder in Regel-Kindertagesstätten", 18.–20. Mai 1989 in Berlin
Originalquelle unbekannt

Schulreif oder nicht?

Rosemarie Portmann (Hrsg.): Kinder kommen zur Schule
Beiträge zur Reform der Grundschule, Band 73, Arbeitskreis Grundschule e. V., Frankfurt am Main 1988

Kluge Kinder, gute Schüler?

Rolf Oerter. Moderne Entwicklungspsychologie, Ludwig Auer, Donauwörth 1987

Rosenthal/Jacobson: Pygmalion im Unterricht, Beltz, Weinheim 1971

Allerlei Lernhindernisse

Gerhard Rapp: Aufmerksamkeit und Konzentration, Bad Heilbrunn 1982

Lilly Kemmler: Erfolg und Versagen in der Grundschule, Göttingen 1967

Frederic Vester: Denken, Lernen, Vergessen, dtv, München 1987

Wer nämlich mit h schreibt …

Hinrichs/Will-Beuermann/Valtin: Bunte Fibel – Fibelhandbuch, Schroedel, Hannover 1990

Ingrid M. Naegele, Renate Valtin (Hrsg.): LRS in den Klassen 1–10, Beltz, Weinheim u. Basel 1989

Helge und Helmut Tamm: Lies mit uns, schreib mit uns, für 2./3., 3./4. und 5./6. Schuljahr, Beltz, Weinheim 1981

Jens Hinrichs, Helene Will-Beuermann: Schreiben und Rechtschreiben, Schroedel, Hannover 1989

Zensuren und Zeugnisse

Horst Speichert: Umgang mit der Schule, Rowohlt, Reinbek 1976

Rudolf Weiss: Die Zuverlässigkeit der Ziffernbenotung bei Aufsätzen und Rechenarbeiten, in: Karlheinz Ingenkamp (Hrsg.): Die Fragwürdigkeit der Zensurengebung, Beltz, Weinheim 1971

Außenseiter, Streber, Sündenböcke

Lothar Krappmann: Soziale Kinderwelt und kindliche Entwicklung, Ein Beitrag zur Soziologie der Kindheit, Deutsches Jugendinstitut, Jahresbericht 1989

Lothar Krappmann/Hans Oswald: Schulisches Lernen in Interaktionen mit Gleichaltrigen, Zeitschrift für Pädagogik, Jahrgang 31, Heft 3, Juni 1985

Die leidigen Hausaufgaben

Bernhard Wittmann: Zum Thema Hausaufgaben, in: W. Twellmann (Hrsg.): Handbuch Schule und Unterricht, Bd. 1, Düsseldorf 1981

Klaus Ulich: Schule als Familienproblem?, Athenäum, Frankfurt am Main 1989
Ausführungsvorschriften für das Erteilen von Hausaufgaben, Berlin 1980/1991

Mütter als Hilfslehrerinnen?

Eva Koch-Klenske: Sehr geehrte Frau Koch-Klenske! Sehr geehrte Frau Werumeith! Von mütterlichen Konflikten mit der Schule, Frankfurter Rundschau vom 24. Sept. 1983
Irene Bloch/Susanne Müller. Das dritte Bein der Schule, päd. extra 1/85

Schluß

Horst Speichert: Umgang mit der Schule, Rowohlt, Reinbek 1976

Die „Weiße Reihe“

Barbara Dale / Johanna Roeber
Gymnastik für Schwangerschaft und Geburt
Mit Gymnastik und Entspannungsübungen zu einem neuen Körperbewußtsein. Die körperliche und seelische Vorbereitung auf eine problemlose, aktive Geburt.
ISBN 3-473-**42712**-8

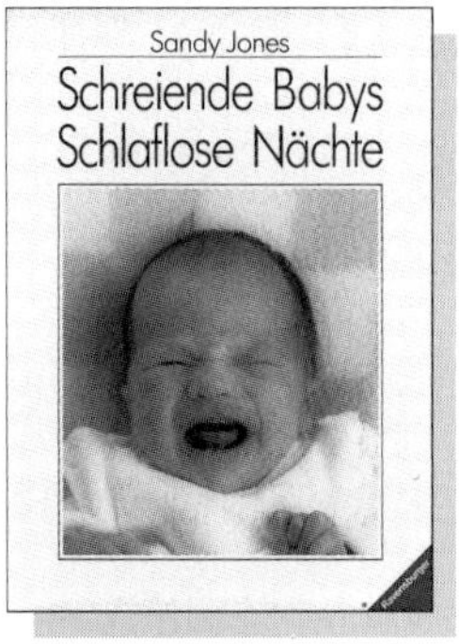

Sandy Jones
Schreiende Babys – schlaflose Nächte
Dieser Ratgeber für junge Eltern zeigt auf, welche Ursachen die Schlafprobleme eines Babys haben können, wie man sie überwindet und wie man selbst zu etwas Schlaf kommt.
ISBN 3-473-**42713**-6

Helga Gürtler
Kinderärger – Elternsorgen
Ein Ratgeber für die häufigsten Probleme im Umgang mit Kindern zwischen Babyalter und Schulzeit.
ISBN 3-473-**42716**-0

Carola Schuster-Brink
Kinderfragen kennen kein Tabu
Wenn Kinder nach Sex, Gott oder Tod fragen, sollten Eltern auf die Antwort vorbereitet sein.
Dieses Buch ist eine Handreichung für alle, die Kindern antworten.
ISBN 3-473-**42721**-7

Sabine Pauli / Andrea Kirsch
Was ist los mit meinem Kind?
Bewegungsauffälligkeiten bei Kindern
Bei Früherkennung von Bewegungsauffälligkeiten bestehen die besten Therapiechancen.
ISBN 3-473-**42726**-8

Ingeborg Ballhausen
Kinderseelen sind verletzlich
In diesem Buch geht es um den behutsamen Umgang mit Kindern. Wer Kinder richtig versteht, macht weniger falsch.
ISBN 3-473-**42722**-5

Paul H. Wender
Das hyperaktive Kind
Erkennen und Behandeln von Konzentrationsstörungen und Verhaltensauffälligkeiten wie Hyperaktivität und Aggressionen sind Thema dieses Buches.
ISBN 3-473-**42719**-5

Weitere Titel in Vorbereitung

® Ravensburger